Manfred Mohr

Mit dem Herzen segnen

Mit dem

KOHA KOMPAKT

Manfred Mohr

Mit dem Herzen segnen

Herzen segnen

In 5 Schritten
zu einem erfüllten Leben

Inhalt

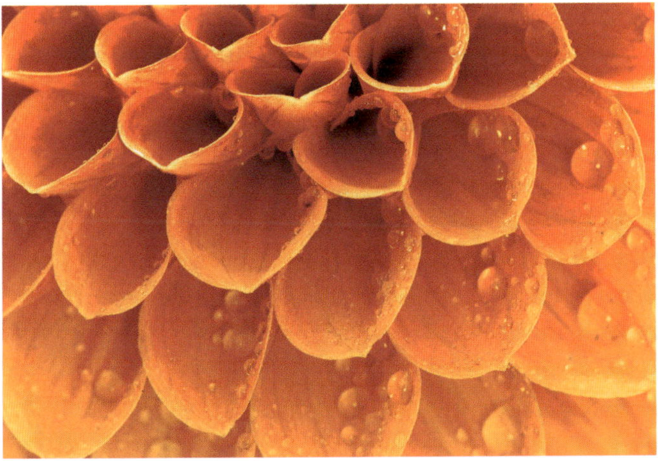

Einleitung

Es gibt keinen Weg zum Glück,
Glück ist der Weg.
• Buddha •

Unser Herz ist mystisch und geheimnisvoll. Viele Kulturen und Eingeweihte sehen in ihm den Zugang zum wahren Wesen des Menschen. Wer sein Herz immer mehr öffnet, dem werden eine Vielzahl von Segnungen zuteil. Davon handelt dieses Buch. Das vollständig geöffnete Herz bildet schließlich ein Tor, das uns hin zu unserem größten Potenzial und unserer höchsten Begabung führt. Dieser Weg ist für jeden einzigartig.

In Abwandlung des vorne stehenden Buddha-Zitates könnte man sagen: »Es gibt keinen Weg ins Herz. Das Herz ist der Weg.«

Zugleich ist der Weg ins Herz bei jedem Menschen etwa 30 Zentimeter lang: vom Verstand (Kopf) hinein ins Gefühl (Herz). Wer im besten Sinne wagt, »den Verstand zu verlieren«, dem fließen auf seinem Weg ins Herz die unterschiedlichsten Segnungen zu. Alle haben sie mit den Qualitäten des Herzens zu tun. In diesem Buch habe ich sie mit den Oberbegriffen *Bewusstsein, Mitgefühl, Heilung, Erfüllung* und *Bestimmung* umschrieben. Diese Einteilung ist jedoch nicht festgeschrieben. Betrachte sie eher als Angebot, als Gefäß für die Erfahrungen, die dich während der Lektüre begleiten. Vielleicht werden dir selbst noch ganz andere Segnungen begegnen. Oder, was wahrscheinlicher ist, du wirst ihnen anders begegnen und andere Namen für sie finden.

Denn die Öffnung des Herzens folgt ihren eigenen Gesetzen. Eine festgelegte Reihenfolge gibt es dabei nicht. Jeder Mensch ist anders, jede gemachte Erfahrung sicherlich auch. Nur eines ist gewiss: Wenn du an die Tore des Herzens anklopfst, wird dir geöffnet. Und die Segnungen, die du dabei erfährst, tragen in Wirklichkeit alle einen einzigen Namen: *Liebe*.

Die erste Segnung macht dich mit dir selbst besser bekannt. Sie ist umschrieben mit dem wachsenden **Bewusstsein,** welches sich bei der Herzöffnung einstellt. Deine Gefühle melden sich, sie werden dir immer deutlicher, du entwickelst dabei deine Intuition und einen höheren Sinn für Schönheit.

Schließlich entsteht in dir der Wunsch, dich in deiner dir eigenen Art zu zeigen und auszudrücken.

Hast du dich dann besser kennengelernt, richtet sich deine Aufmerksamkeit während der zweiten Segnung mehr auf deine Umwelt und die Menschen, die dir auf deinem Weg begegnen. Das große Thema dieser Phase ist **Mitgefühl.** Du erweiterst dein Selbstverständnis, entwickelst ein stärkeres Gefühl von Verbundenheit, und deine Manifestationskraft nimmt zu.

Heilung ist das Schlüsselwort der dritten Segnung. Du trittst in Kontakt mit der Heilkraft deines Herzens. Frieden und Ausgeglichenheit breiten sich zunehmend in dir und deiner Umwelt aus. Du machst die Erfahrung, dass deine Liebe zunimmt, je mehr du sie verschenkst.

Die vierte Segnung heißt **Erfüllung.** Diese Öffnung deines Herzens bringt dich noch mehr ins Hier und Jetzt, du wirst präsenter. Durch das Wachsen deines Selbstwertes stellt sich ein Glückgefühl ein. Deine Ausstrahlung wird auch für andere deutlicher wahrnehmbar.

Als fünfte Segnung wartet deine **Bestimmung** auf dich. Du entwickelst wachsendes Vertrauen in dich und das Universum. Deine eigene Wahrheit zeigt sich. Du bekommst eine Idee von deiner wahren Größe. Dein Bewusstsein wird immer umfassender und öffnet sich für die Erfahrung, ganz im Sein verschmolzen zu sein.

I. Die erste Segnung des Herzens:

Bewusstsein

Wahrnehmung
Empfinden
Intuition
Schönheit
Weisheit
Ausdruck

1. Der Schlüssel liegt im Herzen

Als Gott die Welt erschuf, waren die Menschen noch alle bei Ihm in Seinem himmlischen Reich. Gott wollte jedoch, dass sie auf der Erde leben, die Er für sie bestimmt hatte.
»Was können wir tun«, fragte der Erzengel Gabriel, »damit sie nicht immer hierher zu uns in den Himmel kommen? Sie sollen dort leben, wo sie hingehören – auf der Erde.«
Gott und die Erzengel berieten. Der Erzengel Michael sagte: »Wir müssen den Himmel verschließen.«
»Aber wo lassen wir den Schlüssel?«, fragte Gabriel.
»Wir müssen ihn verstecken. An einem Ort, wo ihn die Menschen nicht finden.«
Einer der Engel schlug vor: »Wir könnten den Schlüssel im Meer versenken.«
Gott erwiderte: »Ich kenne die Menschen, sie werden ihn finden.«
Ein anderer Engel meinte: »Dann verstecken wir ihn im Schnee der höchsten Berge.«
»Sie werden ihn finden«, wandte Gott ein.
Der Engel Esekiel brachte eine ganz moderne Lösung vor: »Wir schießen ihn in den Weltraum.«
»Sie werden ihn auch dort finden«, sagte Gott.
Da meldete sich Gabriel: »Ich hab's. Wir verstecken den Schlüssel im Herzen der Menschen.«
Gott gefiel die Idee. »Ja. Lasst uns das tun. Sie finden ihn leichter im Meer und im Weltraum als in ihrem eigenen Herzen, aber wenn sie ihn dort finden, sollen sie ihn auch benutzen dürfen.«

(Sufi-Geschichte)

Den Schlüssel zum Himmel finden wir im Herzen. Wenn das Herz sich öffnet, kann die Liebe sich verströmen. Viele Menschen erleben dies ganz besonders, wenn sie verliebt sind. Dann leuchten nicht nur die Augen des Geliebten, die ganze Welt scheint zu strahlen. Die Öffnung des Herzens lässt die Liebe wirken. Ich fühle mich mit allen Menschen und der ganzen Natur verbunden. Ich klinke mich ein in dieses weltumspannende Netz der Liebe, das immer da ist und immer wirkt. Die Liebe durchzieht den Kosmos wie ein unsichtbares Feld.

Auch unsere Wünsche manifestieren sich, weil wir durch das unsichtbare Feld mit allem verbunden sind. Die Erfüllung von Herzenswünschen hat schon vielen Menschen zweifelsfrei bewiesen, dass sie Einfluss auf ihre Welt haben.

Diese Verbindung zum uns umgebenden Universum lässt sich mittlerweile sogar wissenschaftlich nachweisen. Einer Versuchsperson werden eine Reihe sehr emotionaler Bilder auf einem Bildschirm gezeigt (siehe die DVD »The Living Matrix«, Koha Verlag). Diese Bilder sind bunt gemischt; darunter sind sowohl extrem angenehme als auch sehr unangenehme Sequenzen. Parallel dazu werden alle relevanten Vitalparameter wie Herz- oder Atemfrequenz laufend überwacht. Weder der Versuchsleiter noch der Proband wissen, welche Bilder auftauchen werden. Nun wird protokolliert, welche Zeit zwischen dem Auftauchen eines neuen Bildes und der körperlich messbaren Reaktion vergeht. Dabei zeigt sich ein unglaubliches Resultat: Bereits zwei Sekunden *bevor* das Bild erscheint, zeigt die Versuchsperson entsprechende Reaktionen! Offenbar spürt die Person schon, was sie sehen wird. Und die ersten messbaren Veränderungen finden im Herzen statt; erst danach zeigen sich auch in anderen Bereichen des Körpers messbare Impulse.

Wir stehen offensichtlich viel enger im Kontakt mit unserer Umwelt, als wir je geahnt haben. Indem wir unser Herz öffnen, beginnen wir gleichzeitig, diese Verbindung wahrzunehmen und sie zu intensivieren. Die Liebe wird stärker und schenkt uns mehr Klarheit und ein wacheres Bewusstsein. Je mehr mein Herz sich öffnet, desto bewusster nehme ich die Liebe wahr, die aus ihm strömt. Ich nehme auch meine anderen Gefühle deutlicher wahr und lerne, ihnen zu vertrauen. Das stärkt allmählich meine Anteilnahme für meine Mitmenschen und die Welt. Je mehr sich mein Herz öffnet, desto weiter wird mein Bewusstsein:

Während ich die **erste Segnung** erlebe, fange ich an, mich selbst bewusster wahrzunehmen. Ich fühle mich, werde wacher und bekomme mehr mit. Ich lerne mich besser kennen und entwickle eine Ahnung davon, was ich möchte und was ich bin.

Während sich die **zweite Segnung** zeigt, weitet sich mein Bewusstsein weiter aus und bekommt Kontakt zum »Du«. Ich überwinde allmählich die Begrenztheit meines bisherigen Selbstverständnisses und nehme die anderen wahr.

Durch die **dritte Segnung** vertieft sich dieser Kontakt zur Umwelt. Immer häufiger kann ich das Du spüren. Mein Bewusstsein öffnet sich verstärkt für die Natur und nimmt Anteil an immer mehr Menschen meiner Umgebung.

Während der **vierten Segnung** schwindet zunehmend die Trennung in Kategorien wie Ich und Du. Mein Bewusstsein entwickelt sich vom Ich zum Wir. Mein Fühlen und meine Wahrnehmung verfeinern sich noch mehr, und ich empfinde mich zunehmend als Teil der Menschheit. In mir entfaltet sich eine Art globales Bewusstsein, das alle Menschen mit einschließt.

Die **fünfte Segnung** führt den Menschen schließlich zu seiner wahren Größe. Sein Bewusstsein umfasst jetzt alle Menschen, alles Lebendige, die ganze Natur und die geistigen Welten.

Diese Reise ins Herz ist letztlich eine Begegnung mit uns selbst. Und diese Begegnung ist am Anfang nicht immer einfach.

Mir selbst wurde in meinem Leben an einem bestimmten Zeitpunkt schlagartig klar, wie sehr ich vor mir selbst davongelaufen war. Dauernd hatte ich etwas zu tun: Job, Partnerschaft, Freunde, Sport, Familie. Und war ich doch mal allein, hielt ich mich selbst kaum noch aus. Offensichtlich hatte ich mir genau deshalb so viele Termine gemacht. Das Alleinsein wieder zu erlernen war ein langer Prozess. Ich fing an, in meinem Terminkalender Zeit für mich einzutragen, sozusagen eine »Verabredung mit mir selbst« zu treffen. Zunächst nur einmal in der Woche, dann immer öfter. Während dieser Zeit stellte ich fest, dass in mir eine Menge quengelnder, unzufriedener kleiner Bengel ihr Unwesen trieben. Immer gefiel ihnen etwas nicht, war blöd oder nicht gut genug. Wie sollte ich bloß mit ihnen umgehen? Da hatte ich den rettenden Einfall: Ich betrachtete die nörgelnden Bengel als Kinder, die Gehör finden wollten. »Na gut«, dachte ich mir, »dann höre ich der Rasselbande mal in Ruhe zu.« Ich kümmerte mich um meine kindlichen Anteile, die so lange ungesehen geblieben waren. Und allmählich gewöhnten wir uns aneinander.

Erste Erkenntnis: Die Öffnung des Herzens erweitert die Wahrnehmung.

Aspekt der ersten Segnung: Wahrnehmung

2. Das Leben spüren

Wenn ich Gutes tue, fühle ich mich gut.
Wenn ich Schlechtes tue, fühle ich mich schlecht.
Das ist meine Religion.
• Abraham Lincoln •

Das Herz gilt in vielen Kulturen als der Ort, an dem wir fühlend mit der Welt in Verbindung treten. Viele Religionen sehen das Herz als Vermittler zwischen dem Irdischen und dem Himmlischen: Den Buddhisten trägt das Herz-Sutra an das jenseitige Ufer der Weisheit; im Christentum gilt das Herz als die Wohnstatt der Seele und des göttlichen Funkens; die Worte des Korans sollen Mohammed direkt ins Herz geschrieben worden sein, um nur einige Beispiele zu nennen.

In vielen alten und neuen Kulturen dieser Welt zeichnet sich darum das Ideal eines vollkommenen Menschen durch ein offenes Herz und große Empfindungsfähigkeit aus. Durch die Öffnung des Herzens entwickeln wir uns zu dem, was wir wirklich sind: fühlende, wahrnehmende Wesen, die durch ihr Herz in inniglichem Austausch mit der Welt stehen.

In meinen Seminaren sind das Fühlen und die Wahrnehmung mit dem Herzen sehr wesentlich. Meiner Erfahrung nach ist das Fühlen eine Rückverbindung mit unserer Quelle. Das Herz ist wie eine kosmische Steckdose, durch die mir Energie – Liebe – zufließt. Jeder Mensch, und sei er noch so »böse« und

»gemein«, liebt etwas. Sonst könnte er nicht existieren. Diese Liebe gibt ihm Lebenskraft und hält die energetische Leitung aufrecht.

Durch die Liebe ist jeder Mensch mit der universellen Energiequelle verbunden. Je mehr ein Mensch liebt, desto mehr Energie hat er zur Verfügung – zum Wohl seiner selbst und anderer –, um sein Leben leichter zu bewältigen oder um seine Wünsche in die Tat umzusetzen.

Übung: Kontakt zum Herzen

Für den ersten Kontakt zu deinem Herzen lege beide Hände über Kreuz ganz leicht auf deine Brust. Schließe die Augen. Was nimmst du wahr? Zunächst spürst du das Heben und Senken deiner Brust. Du atmest ganz von alleine tiefer ein und aus. Atme bewusst und entspannt weiter. Spüre die Wärme deiner Hand auf deiner Brust. Lass die Wärme deines Herzens zu deiner Hand vordringen. Sage dir innerlich: »Ich gehe ganz in Kontakt zu meinem Herzen.« Mach dir bewusst, was du fühlst.

Wer diesen Raum des Herzens einmal gefühlt und kennengelernt hat, kann leicht dorthin zurückkehren. Es ist wie eine Einweihung. Für die meisten Menschen ist dieses Ruhen im Herzen mit bestimmten Gefühlen verbunden wie Zuhausesein, Geborgenheit, Schutz, Ruhe, Stille, Weite, Wärme, Zentriertheit, Ausgeglichenheit, Entspannung.

Meist gelingt es etwa der Hälfte der Teilnehmer eines Workshops, mit dieser Übung auf Anhieb in Verbindung zum Herzen zu gehen. Der anderen Hälfte stehen erfahrungsgemäß vor allem drei Hindernisse im Weg:

Mangelnde Selbstliebe

Manche Menschen halten sich für unfähig, unwert oder nicht spirituell genug, in den Herzensraum zu gelangen. Sie tragen Glaubenssätze voller Selbstkritik in sich, die sie davor zurückschrecken lassen. Solchen Menschen hilft es sehr, sich mit dem Thema Selbstliebe zu beschäftigen, um zu lernen, sich selbst und dem Leben mehr zu vertrauen.

Vorgefasste Erwartungen

Eine weitere Hürde beim Zugang zum Herzen ist die Erwartung, unbedingt etwas *sehen* zu müssen. Viele Menschen sind enttäuscht, wenn dies nicht geschieht. Stattdessen haben sie vielleicht feinfühlig vieles wahrgenommen, aber das nehmen sie nicht ernst, weil sie etwas sehen wollen.
Dabei haben unsere Sinne viele Möglichkeiten. Manche Menschen hören wunderbare Dinge und nehmen durch die Ohren wahr. Andere spüren über ihre Haut und ihre körperlichen Sensoren, als ob sie Gegenstände regelrecht berühren würden. Auch der Zugang über den Geruch oder den Geschmack ist schon vorgekommen. Doch wer die Erwartung hat, dass nur das Sehen gilt, wird all dies wenig wertschätzen. In diesem Fall gilt es zu lernen, der eigenen Wahrnehmung mehr zu vertrauen. Jeder Mensch ist einzigartig und hat darum auch einen eigenen, besonderen Zugang zu seinem Herzen.

Alte Emotionen

Das häufigste Hindernis auf dem Weg ins Herz hat mit dem Emotionalkörper zu tun. Das Herz ist der Sitz der Gefühle. Wer in seinem Leben emotionale Herausforderungen erlebt hat (und wer hat das nicht?), der begegnet beim Eintreten in den heiligen Raum des Herzens oft zuerst alten Schmerzen und will darum sofort wieder weg. Manche Teilnehmer berichten von Gefühlen wie Schwere, Druck oder Beklemmung. Doch schon durch den Kontakt zum Herzen beginnen diese alten Gefühle zu heilen. Viele Teilnehmer berichten bereits beim zweiten und dritten Anlauf von einer spürbaren Erleichterung. Das schwere Gefühl verschwindet mit zunehmender Übung. Die Lösung besteht hier oft darin, so lange im Herzen zu verweilen, bis die Angst oder Trauer sich von selbst auflösen.

Für mich persönlich ist auch die Meditation auf das Herzchakra inzwischen ein Weg, mich tiefer im Herzensraum zu verankern. Früher war mir die stille Art der Meditation jedoch unmöglich; ich war einfach zu hibbelig. Als ich Mitte dreißig war, empfahl mir ein befreundeter Arzt, es mit Tai-Chi zu versuchen. Hier musste ich nicht stillsitzen, sondern durfte mich bewegen. Das gefiel mir schon besser. Nachdem ich durch Tai-Chi ein wenig offener für Entspannungstechniken geworden war, hatte ich das Glück, ein Übungsbuch über Chakras geschenkt zu bekommen. Für mich war es wie ein Sechser im Lotto. Jetzt gab es bei der Meditation etwas Konkretes zu spüren, und das Sitzen auf dem Boden erschien mir sinnvoll. Es beschrieb einen Kurs über mehrere Wochen, bei dem jede Woche ein anderes Chakra visualisiert wurde. Und es funktionierte wirklich! Vor allem beim Herzchakra stieg schon nach wenigen Übungen eine wohlige Wärme durch meinen Körper, sobald ich es mir bildlich vor meinem inneren Auge vorstellte.

Übung: Herzchakra spüren

Lege wieder beide Hände über Kreuz auf deine Brust. Schließe deine Augen. Spüre die Wärme deines Herzens in deinen Händen. Dann stell dir vor, in deinem Herzen wäre eine Farbe. Bei den meisten Menschen ist es ein freundlicher Grünton. Du kannst aber auch jede andere Farbe verwenden, die dir stimmig erscheint. Lass dieses Grün leicht kreisen, in langsamen Bewegungen. Weite die Farbe langsam über deine Brust aus. Wie fühlt sich das an? Geh ganz in die Absicht »Ich möchte mein Herzchakra spüren« und »Ich möchte in Kontakt zu meinem Herzen treten«. Wie fühlst du dich dabei?

Wiederhole diese Übung täglich, am besten über mehrere Wochen hinweg. Je öfter du übst, desto mehr wird sich deine Wahrnehmung deines Herzens verbessern.

Zweite Erkenntnis: Je mehr sich das Herz öffnet, desto mehr kann es fühlen.

Aspekt der ersten Segnung: Empfinden

3. Mit dem Herzen hören

Die Wissenschaft kann das Geheimnis
der Natur nicht lösen.
Sie kann es deswegen nicht, weil wir selbst
ein Teil der Natur und damit auch ein Teil des Rätsels sind,
das wir lösen wollen.
• Max Planck •

Wenn sich die Wahrnehmung erweitert und das Bewusstsein für die eigenen Empfindungen wächst, kommen zwei neue Seiten des Herzens zum Ausdruck. Ich möchte sie als »weiblich« und »männlich« bezeichnen. In der weiblichen Facette offenbart sich die Intuition, und durch die männliche Komponente bringe ich zum Ausdruck, was meine Intuition mir vermittelt.

Das Herz und seine intuitiven Fähigkeiten sind ein Rätsel, für das die Wissenschaft bisher keine befriedigende Erklärung bietet. Es lässt sich nicht mit dem Verstand erschließen. Um das Herz zu begreifen, es zu öffnen und in seinen inneren Raum zu gelangen, müssen wir uns unserer Intuition anvertrauen. Wenn das Herz sich öffnet, lernen wir, neu zu hören – wir entwickeln Herzensohren.

Ich möchte dich inständig bitten,
sosehr ich kann,
die Fragen an sich zu lieben,

so wie verschlossene Türen,
so wie Bücher,
die in einer sehr fremden Sprache geschrieben sind.
Forsche jetzt nicht nach Antworten,
die dir noch nicht gegeben werden können.
Jetzt lebe die Fragen.
Vielleicht wirst du dann,
eines Tages,
ohne es zu merken,
in die Antwort hineinwachsen.
• Rainer Maria Rilke •

Um eine Antwort auf eine Frage zu erhalten, genügt es häufig, sie einfach ins Herz zu nehmen und dann der Stille Zeit zu geben. Weil ich meine Fragen liebe und ins Herz nehme, wird allein dieser Vorgang mir die Antwort eröffnen. Ich könnte auch sagen: Indem ich mich von Herzen für eine Antwort öffne, wird das Universum sie mir geben. Der Rat, die Fragen zu lieben, gilt letztlich für alles, was mit dem Herzen zusammenhängt. Die Geheimnisse des Herzens sind nur intuitiv zu erfassen.

Feingefühl, Intuition und höhere Wahrnehmungsfähigkeit lassen sich eher den weiblichen Aspekten des Herzens zuschreiben. Mit zunehmender Herzöffnung entwickelt der Mensch einen Sinn für das, was im Moment stimmig und richtig ist. Er wird zum Kapitän, der trotz Nebel in den sicheren Hafen findet. Er wird zum Karawanenführer, der zielsicher auf die Oase in der Weite der Wüste trifft. Er wird zum Musiker, der genau den richtigen Ton anspielt. Von Mozart wird beispielsweise berichtet, er habe seine wunderbaren Kompositionen zuerst innerlich, mit den Ohren seines Herzens, gehört, bevor er sie notierte. Viele Bildhauer folgen beim Modellieren einer Plastik ihrer inneren Führung, genau wie mancher Erfinder seine entscheidenden Ideen einer inneren Stimme verdankt. Die Intuition lässt uns im richtigen Augenblick den richtigen Schritt tun.

Um diesen Zugang zu erhalten, muss ich lernen, die feine Stimme meines Herzens zu hören. Hilfreich ist es, vor der Fragestellung einen stillen, meditativen Zustand einzunehmen, denn die Herzensstimme lässt sich nur vernehmen, wenn die laute Stimme des Verstandes zur Ruhe kommt. Dann können Antworten auftauchen, mit denen wir nicht gerechnet hätten.

Nachdem ich zum Beispiel in einem meiner Seminare die Teilnehmer angeleitet hatte, innerlich ruhig zu werden und der Stimme ihres Herzens zu lauschen, kam ein Mann zu mir und erzählte, wie sehr ihn diese Übung berührt habe. Statt einer Stimme hatte er ein starkes Gefühl gespürt, das ihm vermittelte: »Du hast ganz arg Liebeskummer mit dir selbst …«

Dritte Erkenntnis: Wenn ich meine Fragen ins Herz nehme, wird mir Antwort zuteil.

Aspekt der ersten Segnung: Intuition

4. Mit dem Herzen sehen

Was ist das Schwerste von allem?
Was dir das Leichteste dünkt:
Mit den Augen zu sehn,
was vor den Augen dir liegt.
• Goethe •

Die Öffnung des Herzens fördert nicht nur die Intuition, sie öffnet auch unsere Augen für die Schönheit, die allem innewohnt und die leider oft übersehen wird. Auch die Augen des Herzens lassen sich den weiblichen Seiten des Herzens zurechnen.

Die Welt da draußen spiegelt mir die Schönheit, die in meinem eigenen Herzen lebt. Wo auch immer wir hinschauen, erzeugt unser Bewusstsein etwas. Indem wir uns mit Schönheit verbinden, sie überall auch erwarten, wird allein dies die Schönheit zutage treten lassen. Oder wie die Schweden sagen: *»Willst du einen König als Mann, beginne in deinem Mann den König zu sehen.«* (Das gelingt übrigens genauso bei Königinnen ...)

Der japanische Wissenschaftler Masaru Emoto (»Wasser und die Kraft des Gebetes«, Koha-Verlag) hat sich intensiv mit der Wirkung von Gedanken und Gefühlen auf das Wasser beschäftigt und ist sich sicher: Durch unser Bewusstsein haben wir einen messbaren Einfluss auf das Wasser und unsere Welt.

In seinen Büchern dokumentiert er anhand wunderschöner Aufnahmen von Wasserkristallen dessen Verwandlung durch Gedanken und Gefühle. Eine besonders starke Wirkung auf Wasser haben die Herzqualitäten Liebe, Dankbarkeit und Mitgefühl. Diese bilden im Experiment die perfektesten und schönsten Kristalle aus. Gefühle wie Angst, Hass oder Wut bringen dagegen keine oder nur gering ausgebildete Kristalle hervor.

Die Sufis sagen, wenn sich die Augen des Herzens öffnen, werden die 70.000 Schleier entzaubert, die uns die Sicht auf die wahre Gegenwart verhüllen. Das heißt, ich beginne erstmals zu schauen, was wirklich ist.

Die Augen des Herzens öffnen sich insbesondere durch Gefühle wie Liebe, Dankbarkeit und Mitgefühl. Doch die Magie funktioniert in beide Richtungen: Durch gute Gefühle werde ich empfänglich für das Schöne, und die tiefe Wahrnehmung von Schönheit erzeugt gute Gefühle.

Da meine Gedanken und Gefühle Einfluss darauf haben, was ich um mich herum anziehe und erschaffe, bin ich durch sie unaufhörlich schöpferisch. In jedem Moment. In jeder Sekunde. Betrachte ich die Welt mit den Augen des Herzens, sorge ich also unter anderem dafür, auch morgen mit Liebe und Schönheit umgeben zu sein.

Bei mir öffneten sich die Augen meines Herzens auf einer Reise nach Andalusien. Einer meiner Studienfreunde war nach Spanien gezogen und lud mich zu seiner Hochzeit ein. Auf dieser Reise besuchte ich auch das schönste Bauwerk, das meine Augen bisher erblickt hatten: die Alhambra in Granada. Diese wundervolle maurische Stadtburg, die zum Weltkulturerbe gehört, wurde im 13. und 14. Jahrhundert errichtet. Andalusien war damals ein reiches und blühendes Land und in künstlerischer, wissenschaftlicher und handwerklicher Hinsicht in Europa führend. Mehrere Jahrhunderte lang lebten Moslems, Christen und Juden dort friedlich zusammen. Aus diesem Nährboden ging das architektonische Meisterwerk der Alhambra hervor – ein Zusammenspiel von Palästen, Gärten, Kunstwerken und Wasserspielen von einzigartiger Schönheit. Am Rand des berühmten Löwenbrunnens ist ein Spruch des Dichters Ibn Zamrak zu lesen: *»Selig ist das Auge, das diesen Garten der Schönheit sieht.«*

Für mich ist die Alhambra in Stein gehauener Ausdruck der integrierten Weisheit von Orient und Okzident. Dieser Palast zeigt die Schönheit und die Pracht, die der Schöpfung innewohnt, und bildet damit einen herrlichen Spiegel für die innere Schönheit eines jeden Menschen. Und ich bin mir sicher, genau zu diesem Zweck wurde sie auch erbaut.

Vierte Erkenntnis: Mit Liebe, Dankbarkeit und Mitgefühl im Herzen offenbart sich die Schönheit der Welt.

Aspekt der ersten Segnung: Schönheit

5. Von Herzen sprechen

Die Zunge ist die Übersetzerin des Herzens.
• Aus Arabien •

Was ich über die Ohren des Herzens als intuitive Wahrheit empfange und über die Augen des Herzens an Schönheit erkenne, will durch den Mund des Herzens zum Ausdruck kommen. Wir können sagen: Das Empfangen und Aufnehmen entspricht dem weiblichen Aspekt des Herzens, der Ausdruck und das Weitergeben dem männlichen.

Mit der zunehmenden Öffnung des Herzens entwickelt sich ein Gefühl dafür, was wahr und richtig ist. Ich fange an, bei allem, was ich lese, höre oder selbst spreche, nachzuspüren: Wirkt dieser Mensch auf mich authentisch? Kann ich dem beipflichten, was er sagt? Stimmt das wirklich, was ich gerade erwidert habe? Die Weisheit meines Herzens wird mir zur Richtschnur meines Verhaltens.

Diese Weisheit schöpft aus der Intuition und der Erfahrung. Hat mir zum Beispiel die Intuition gezeigt, wie ich besser Tennis spiele, so kann mich der männliche Herzensaspekt dahin führen, dies als Tennislehrer an andere weiterzugeben. Sind mir beim inneren Lauschen auf mein Herz dichterische Worte zugeflossen, drängt mich mein Herz dann vielleicht, diese auch öffentlich vorzutragen. In diesem Ausdruck lerne ich gleichzeitig mich selbst auf neue und andere Art kennen.

Um mich mit dieser Weisheit meines Herzens zu verbinden, frage ich mein Herz in jeder Situation: »Wie ist das für dich? Fühlt es sich gut an? Soll ich genau so weitermachen – oder besser nicht?« Wenn ich meinem Gefühl folge, stehe ich vielleicht mal früher auf und mal später. Heute mag ich Haferflocken zum Frühstück und morgen ein Ei. Und heute ist es wahrscheinlich anders als gestern. Jeder Augenblick ist neu.

Unser Schul- und Gesellschaftssystem hat uns eher gedrängt, es anderen nachzumachen und zu fragen: »Ist es so richtig?«, statt unser eigenes Herz zu fragen. Rumi, der persische Dichter des Mittelalters, bringt die Lösung auf den Punkt: *»Jenseits von Falsch und Richtig liegt ein Garten. Dort werden wir uns treffen.«* In diesem Garten liegt die Weisheit des Herzens. Allein durch das Anhäufen von Wissen werden wir noch lange nicht weise.

Das zeigt sich zum Beispiel, sobald jemand etwas anderes denkt. Wenn ich Wert darauf lege, schlauer zu sein, entsteht leicht ein Streit darüber, wer recht und wer unrecht hat. Die Weisheit des Herzens hat jedoch kein Problem damit, dass andere eine andere Meinung vertreten. Wenn ich mir meiner Sache innerlich sicher bin, muss ich niemanden mehr überzeugen. Nur wenn ich mir innerlich unsicher bin, kann ich die Meinung anderer nicht so stehen lassen. Dann geht es letztlich auch darum, mich selbst zu überzeugen. Folge ich jedoch der Weisheit meines Herzens, bin ich offen dafür, mir in jedem Moment eine neue Überzeugung anzueignen. Ich brauche dann kein Wissen mehr anzusammeln, um zu glänzen und besser dazustehen.

Worte, die von Herzen kommen, werden von fast jedem Menschen verstanden. Indianische Weise und Medizinmänner antworten auf Fragen manchmal mit Geschichten, die auf den ersten Blick gar nichts mit der Frage zu tun zu haben scheinen. Durch die Antwort in Form von Märchen oder Geschichten bleibt es dem Fragenden selbst überlassen, darin das zu finden, was ihm sinnvoll erscheint. Und oft ist es gerade dieser Aha-Effekt, der einen ursächlichen Keim für die notwendige Veränderung in sich trägt.

Genauso wie Wünsche, die von Herzen kommen, deutlich mehr Manifestationskraft haben als rein mentale Wünsche, wirken auch Worte stärker, wenn sie von Herzen kommen. Worte, die der Herzensmund spricht, dringen tiefer ein in den Zuhörer und lassen eine Idee davon erahnen, welche Schöpferkraft in Worten liegen kann. Es sind Worte, die zu Taten einladen. Es sind Worte, die Wachstum und Weisheit verbreiten. Worte, die von Herzen kommen, können Menschen berühren und bewegen.

Schließlich ist es auch das Herz, das uns Worte des Dankes, der Anteilnahme und des Mitgefühls sprechen lässt. Es findet oft selbst für Menschen, die uns übel mitgespielt haben, noch segensreiche Worte: »Möge dieser Mensch sein volles Potenzial entwickeln. Möge etwas geschehen, was ihm das Herz öffnet.« Aber auch: »Mögen alle Armen dieser Welt genug zu essen und zu trinken finden sowie ein Dach über dem Kopf. Mögen alle Menschen Dankbarkeit entwickeln für all das, was sie schon haben.«

Fünfte Erkenntnis: Im Herzen wird aus Wissen, Intuition und Erfahrung Weisheit.

Aspekt der ersten Segnung: Weisheit

6. Das Eigene zeigen

Wer immer tut, was er schon kann,
bleibt immer das, was er schon ist.
• Henry Ford •

Die erste Segnung des Herzens erweitert unsere sinnliche Wahrnehmung. Die innere Stimme wird wahrgenommen, die Ohren des Herzens werden feiner. Die Aktivierung dieser weiblichen Seite des Herzens macht feinfühliger und intuitiver. Dies zeigt sich häufig in einer wachsenden Kreativität. Auch das Sehen verändert sich. Erst durch die Herzensaugen werden wir uns der Schönheit bewusst, die in allem liegt. Und auch unser Fühlen wird differenzierter und empfindsamer.

Durch all dies erfahre ich immer mehr, wer ich in Wahrheit bin. Jeder Mensch ist etwas Besonderes. Was genau mein Eigenes ist, merke ich erst, wenn ich nicht mehr versuche, den Vorstellungen anderer zu entsprechen oder bewunderten Vorbildern nachzueifern. Ich finde es erst, wenn ich eigene Wege gehe, die noch niemand vor mir gegangen ist. Im unmittelbaren Ausdruck meines Herzens zeigt sich meine besondere Begabung und meine ganz eigene Art, mit den Dingen umzugehen.

Jeder Mensch trägt einen göttlichen Funken in seinem Herzen, der einen Teil der Ganzheit darstellt. Damit er sich zeigen kann, muss ich mich offenbaren: Ich muss es wagen, meinem

Herzen zu folgen und das, was ich innerlich wahrnehme, in die Tat umzusetzen. Ich muss das Risiko eingehen, Fehler zu machen, und die Gefühle ertragen, die vielleicht aufkommen, wenn ich tatsächlich etwas falsch gemacht habe. Ohne Fehler kann ich nicht lernen.

Ein wundervolles Beispiel für eine gelassene Art, mit eigenen Fehlern umzugehen, habe ich mit einem Tai-Chi-Meister erlebt. Meine Tai-Chi-Schule bekam regelmäßig Besuch von einem 60-jährigen Chinesen aus London, der es zur Meisterschaft in dieser Kampfkunst gebracht hat. Während einer seiner Lehrstunden nahm Master Chu einmal eine sehr merkwürdige Körperhaltung ein, die niemand zuvor gesehen hatte. Mein Lehrer fasste sich ein Herz und sagte etwas zögerlich: »Master, you do wrong« (Meister, du machst es falsch).

Master Chu schaute erstaunt und sehr verträumt seinen Schüler an, betrachtete nachdenklich seine eigene Körperhaltung und meinte dann: »Yes, but I think right« (Ja, aber ich denke richtig).

Viele Menschen wagen es nicht, ihr Eigenes zum Ausdruck zu bringen, weil sie Gefühle wie Schuld und Scham vermeiden wollen. Doch wenn ich mich auch in kleinen Dingen immer wieder traue, selbstständig meinen eigenen Weg zu gehen, kann ich die Angst vor diesen Gefühlen sanft auflösen.

Wer das Unangenehme und Schmerzhafte aushält, erlebt und Ja zu ihm sagt, hat den inneren Kampf mit dem Ego, das nicht fühlen und wachsen möchte, gewonnen. Durch das Zulassen von Schmerz durchlebe ich eine Transformation, die mein Selbstverständnis verfeinert, die mich demütig macht und lehrt, die Kräfte des offenen Herzens zum Wohle anderer Menschen und der Allgemeinheit einzusetzen.

Wenn ich das Eigene ausspreche, wäge ich auch die Aussagen anderer nicht mehr in »gut« oder »schlecht«. Wer aus dem Herzen spricht, steht weniger unter Druck, etwas besonders Kluges oder Richtiges zu sagen.

Sechste Erkenntnis: Mit zunehmender Öffnung des Herzens wird es leichter, meine Einzigartigkeit zu finden und zum Ausdruck zu bringen.

Aspekt der ersten Segnung: Ausdruck

II. Die zweite Segnung des Herzens:

Mitgefühl

Wachstum
Verbundenheit
Manifestationskraft
Annahme
Erleben

7. Die Grenze des Ich

Ich habe einen kleinen Tropfen Wissen
in meiner Seele.
Lass ihn eingehen in dein Meer.
• Rumi •

So wie der Tropfen, der sich aus der Wolke löst, auf die Erde fällt und auf langen Wegen ins Meer findet, als Analogie für die Inkarnation der Seele gilt, lässt sich dieses Bild auch auf die verschiedenen Stadien der Herzensöffnung anwenden:

Es beginnt damit, dass der Tropfen aus dem Himmel fällt. Bei der **ersten Segnung** des Herzens erfährt der Tropfen zunächst seine eigene Gestalt und macht die Erfahrung, ein begrenztes Individuum zu sein.

Der Augenblick, indem der Tropfen auf der Erde aufprallt, entspricht der **zweiten Segnung.** Alte Glaubenssätze werden abgelegt. Der Tropfen kommt in Kontakt mit anderen Tropfen und vermischt sich zum Teil. Erste kleine Pfützen entstehen. Ich erlebe erstmals das Du und werde gleichzeitig mit meinen Schattenseiten konfrontiert, die sich im anderen spiegeln.

Dieser Prozess setzt sich auch bei der **dritten Segnung** fort. Die Pfütze wird zum Bach und gerät ins Fließen. Mein Mitgefühl wird immer umfassender. Indem ich die anderen lieben und annehmen lerne, lösen sich auch in mir immer mehr Blockaden, und ich beginne, meine Schattenseiten zu integrieren.

Die **vierte Segnung** entspricht der Phase, wo der Bach zum Fluss wird. Je mehr ich lerne, alle Menschen mit all ihren Facetten anzunehmen, desto mehr lerne ich auch mich selbst kennen. Je besser ich mich selbst zu schätzen weiß, desto mehr hört das Kämpfen auf und Frieden stellt sich ein.

Wenn der Fluss ins Meer mündet, zeigt sich die **fünfte Segnung.** So wie der Tropfen im Meer mit allen anderen Tropfen verbunden ist, entwickle ich das Bewusstsein, ein Teil der Menschheit zu sein. Es entsteht ein tiefes Gefühl der Verbundenheit nicht nur mit allen anderen Menschen, sondern auch mit den Tieren, der Natur und den unsichtbaren Welten.

Die Form des individuellen Tropfens entspricht dem kindlichen und jugendlichen Selbstverständnis. Als Kind ist mir besonders wichtig, was ich will und was ich habe. Indem ich mich gegenüber dem anderen abgrenze, lerne ich mich kennen.

Doch wie der Tropfen beim Verschmelzen mit seinem Nachbartropfen sich erweitert, so hat auch das Wachstum für mich als Mensch sehr viel damit zu tun, mit meinem Gegenüber eins zu werden. Das gelingt, wenn ich meine Ablehnung gegen das andere aufgebe. Im Spiegel dieser Ablehnung kann ich mich selbst erkennen.

Um diese Lehre der Liebe drehen sich auch die Weltreligionen, obgleich ihre Aussagen immer andere Facetten des Annehmens betrachten: Im Christentum ist es vor allem die Nächstenliebe, im Buddhismus das Mitgefühl, und im Islam wird Wert darauf gelegt, alles irdische Geschehen als Ausdruck der Liebe Gottes zu interpretieren. Jede Art der Überwindung der inneren Ablehnungen öffnet das Herz. Jede Religion hat einen eigenen Zugang und zeigt einen eigenen Weg dazu auf.

Siebte Erkenntnis: Durch die zunehmende Öffnung des Herzens wachse ich über mich hinaus.

Aspekt der zweiten Segnung: Wachstum

8. Kontakt zum Universum

Das Feld ist die alleinige Kraft,
die die Materie bestimmt.
• Albert Einstein •

Auch auf der körperlichen Ebene ist unser Herz ein Wunder. Es schlägt pausenlos, viele Hundert Mal in der Stunde, etwa 100.000-mal am Tag, und das ein Leben lang. Das heißt, es pulsiert in einem Leben etwa 2,5 Milliarden Mal!

Während der Embryonalentwicklung im Mutterleib beginnt das Herz bereits zu schlagen, bevor sich das Gehirn überhaupt gebildet hat. Das Herz ist offenbar so entscheidend für unsere Entwicklung, dass es als erstes Organ im Embryo entsteht! Man hat festgestellt, dass es im Herzen etwa 40.000 Nervenzellen gibt, die denen des Gehirns gleichen. Das bestätigt die Aussagen der alten Weisheitstraditionen, die schon seit Jahrhunderten von der Intelligenz des Herzens sprechen.

Mit einer Leistung von etwa 2,4 Watt ist das Herz die stärkste elektromagnetische Kraftquelle im Körper. Sein elektromagnetisches Feld hat einen Durchmesser von ungefähr zweieinhalb Metern und kann oftmals auch von anderen Menschen wahrgenommen werden. Die elektrische Kraft des Herzsignals (EKG) ist bis zu 60-mal stärker als das entsprechende Signal des Gehirns (EEG). Und das messbare magnetische Feld des Herzens ist sogar bis zu 5000-mal stärker als das des Gehirns.

Über dieses elektromagnetische Feld steht unser Herz in ständigem Kontakt zur uns umgebenden Welt. Das kalifornische Forschungsinstitut HeartMath (www.heartmath.org) hat nachgewiesen, dass unsere Gefühle einen Einfluss auf unsere DNA haben, selbst wenn diese räumlich von uns entfernt ist. Unter Einfluss sogenannter kohärenter Gefühle, das heißt Gefühle, die in tiefer Entspannung und Meditation auftreten, entfaltet sich die DNA besonders gut und kann besser als Blaupause für ihre Reproduktion dienen. Gegenteilige Gefühle wie Hass oder Angst stauchen die DNA dagegen eher; sie kann darum schlechter abgelesen und weniger gut reproduziert werden. Unsere DNA ist also durch positive Gefühle und auch äußere Einflüsse in ihrer Struktur beeinflussbar. Ähnliche Ergebnisse werden von Bruce Lipton in seinem Buch »Intelligente Zellen« dokumentiert.

Die Ebene, auf der solche Herzensgefühle auf die DNA und damit auf unsere Welt Einfluss nehmen, kann als »Feld« oder unsichtbare »Matrix« bezeichnet werden. Nach meinem Verständnis ist diese Matrix nichts anders als der schon von Albert Einstein vorhergesagte Äther. Sie entspricht einem unsichtbaren, wie von einer Art Magnetfeld durchzogenen Raum, der unablässig wirkt. Das von Rupert Sheldrake postulierte morphische Feld weist ähnliche Eigenschaften auf. Nach Sheldrakes Ansicht werden Formen wesentlich durch dieses Feld bestimmt und nicht nur durch die genetischen Anlagen. Diese Matrix ist also ein Energiefeld, das die ganze Schöpfung durchzieht und miteinander verbindet. Durch die Sprache des Herzens, unsere Gefühle, können wir mit diesem Feld kommunizieren und darauf einwirken.

Auch die Quantenphysik hat diese Zusammenhänge entdeckt. Ihr zufolge sind wir im Grunde Teil eines Universums, in dem schon der Akt des Beobachtens ein schöpferischer Prozess ist. Das heißt, während ich die Welt beobachte, nehme ich nicht nur Informationen auf, sondern nehme gleichzeitig aktiv Einfluss. Beobachten und Erschaffen geschehen immer gleichzeitig. Das Universum ist nicht unabhängig von mir, sondern meine Anwesenheit hat bereits eine Wirkung.

Achte Erkenntnis: Durch das Energiefeld des Herzens stehe ich mit der Welt in Verbindung.

Aspekt der zweiten Segnung: Verbundenheit

9. Wünschen: Gefühle sind Gebete

Das Wesen wahrer Liebe
lässt sich immer wieder mit der Kindheit vergleichen.
Beide haben die Unüberlegtheit, die Unvorsichtigkeit,
die Ausgelassenheit, das Lachen
und das Weinen gemeinsam.
• Honoré de Balzac •

Die Fähigkeit, mit dem Universum in Verbindung zu treten, ist die vielleicht wichtigste Qualität des Herzens überhaupt. Durch unsere Gefühle und inneren Bilder stehen wir in ständigem Austausch mit der Welt. Was auch immer wir aussenden, das Universum geht damit in Resonanz und spiegelt es uns wider.

Wenn wir zu Gott als universeller Instanz beten, aber im Geiste und im Herzen in der Rolle des Bittstellers bleiben und Mangel empfinden, verstärken wir durch diese innere Haltung nur den Mangel. Gefühle erschaffen – ob es uns bewusst ist oder nicht.

Ausschlaggebend für den Erfolg eines Gebetes oder eines Wunsches sind also die inneren Bilder und Gefühle. Man kann erfolgreiches Wünschen mit dem Autofahren vergleichen: Der Verstand entspricht dem Lenkrad, mit dem ich bewusst ein Ziel ansteuern kann. Das Gefühl ist jedoch der Motor, der dem Wunsch die Kraft verleiht, das Ziel zu erreichen. Es ist also beides notwendig: ein klares Ziel und ein positiv aufgeladenes zuversichtliches Gefühl.

Aber kommen wir noch einmal auf die Art der Wechselwirkung zwischen Herz und Gehirn zurück. Die Informationen zwischen Herz und Gehirn werden mittels unserer Emotionen transportiert. In unseren Emotionen sind alle wichtigen Informationen enthalten, und diese werden über das elektromagnetische Feld des Herzens vermittelt: an unser Gehirn, unseren Körper und die Umwelt, die uns umgibt. Darum sind auch unsere Gefühle für die Kraft und die Erfüllung unserer Wünsche und Bestellungen entscheidend!

Ein Wunsch kann sich nur in meinem Leben erfüllen, wenn ich aus tiefstem Herzen an seine Erfüllung glaube. Jesus soll gesagt haben: »Wenn ihr Glauben habt und nicht zweifelt, dann

werdet ihr nicht nur das vollbringen, was ich getan habe ... Alles, was ihr im Gebet erbittet, werdet ihr erhalten, wenn ihr glaubt« (Matthäus 21,21–22). Glaube und Gefühl bedingen einander. Bin ich im Zweifel, traurig und in einem energetischen Loch, kann ich wünschen, was das Zeug hält: Meinen Gefühlen wird es einfach an der nötigen Kraft fehlen, meinen Wunsch zu verwirklichen. Soll ein Wunsch in Erfüllung gehen, muss ich von seiner Verwirklichung überzeugt sein. Ich muss in einer zuversichtlichen, glücklichen Stimmung sein, in der ich von seiner Verwirklichung ausgehe. Am besten ist es, mich so zu fühlen, als wäre der Wunsch schon erfüllt. Ich bin sicher, das meinte Jesus im oben genannten Zitat mit »Glauben«: so erfüllt zu sein von kraftvollen Gefühlen und tiefster Überzeugung, dass niemand mehr den geringsten Zweifel hegen kann. Ich nicht, du nicht und das Universum schon gar nicht.

Nehmen wir das Beispiel Geld. Schon der Volksmund weiß, dass Geld allein nicht glücklich macht. Es kommt also vor allem darauf an, in welchem Gefühl ich mein Geld verdiene und wieder ausgebe. Denn häufig steht hinter dem vordergründigen Wunsch nach Geld ein tieferer Wunsch, der in meinem Herzen schlummert. Gerade darum ist es bei der Manifestation so wichtig, in die Stille zu gehen und darauf zu lauschen, was mein Herz sich eigentlich wünscht. Ein echter Herzenswunsch ist oft mit wenig Geld zu erfüllen, doch wird er gehört und sogar noch erfüllt, beglückt es das Herz über alle Maßen. Und dieses Glück wird weitere schöne Momente und Begebenheiten anziehen. Wird es gehört, gedeiht das Herz wie eine Blume, die in die Sonne gestellt und regelmäßig in liebevoller Absicht gegossen und gedüngt wird. Herzenswünsche können manchmal so stark werden, dass die Kraft zu ihrer Verwirklichung ganz von selbst zu entstehen scheint. Diese Erfahrung machen zu dürfen ist irgendwie magisch.

Als ich noch studierte und wirklich knapp bei Kasse war, verliebte ich mich in einen alten Schrank. Er kostete 2500 DM, was ein kleines Vermögen für mich darstellte. Ich rangelte mit mir hin und her. Endlich beschloss ich, meine letzten Groschen zu opfern, und sagte den Kauf zu. Zu Hause kramte ich nach meinem Sparbuch, das ich lange nicht benutzt hatte. Freudig überrascht stellte ich fest, dass viel mehr drauf war, als ich gedacht hatte, und zwar etwa 2500 DM mehr! Vielleicht hatte mein Herz davon gewusst. Ich hatte danach das sichere Gefühl, es richtig gemacht zu haben. Ich habe den Schrank heute noch und freue mich wirklich sehr daran.

Eine Seite der zweiten Segnung des Herzens umfasst meine Fähigkeit, zu wünschen. Gleichzeitig entwickle ich eine viel größere Dankbarkeit für alles, was in meinem Leben geschieht, und mein Bedürfnis, die Wirklichkeit zu verändern, nimmt ab. Eher fühle ich mich vom kosmischen Fluss des Lebens beschenkt. Alles was ist, ist gut. Die Welt ist gut. Also bin ich es auch. Ich komme in Einklang mit mir selbst. Ich finde meinen Frieden mit mir.

Neunte Erkenntnis: Tief von Herzen empfundene Wünsche tragen die Kraft zur Manifestation in sich.

Aspekt der zweiten Segnung: Manifestationskraft

10. Hoppen: Die Lösung von Problemen

Bevor der Verstand sich entschließt,
einen Schritt zu tun,
hat die Liebe den siebenten Himmel erreicht.
• Rumi •

Vor dem Zugang zum Herzen steht ein Wächter. Passieren darf nur, wer frei von Ablehnung ist. Im Herzen ist kein Denken – darum auch keine Ablehnung. Das Herz öffnet sich nur jenen, die genau wie es selbst in Stille und Frieden sind.

Um ins Herz zu kommen, ist es aber zum Glück gar nicht nötig, für alle Zeiten frei von Ablehnung zu sein. Es ist menschlich, gewisse Vorlieben zu haben und darum manche Dinge auch weniger zu mögen. Um ins Herz zu gelangen, bedarf es nur einer Art Ritual, in dem ich mir alle meine Ablehnungen bewusst mache und abgebe.

Ablehnungen lassen sich in drei Gruppen einsortieren:

- Dinge und Eigenschaften, die ich an mir ablehne;
- Dinge und Eigenschaften, die ich an anderen Menschen ablehne;
- Sachverhalte und Tatbestände in meiner Umwelt, die ich ablehne.

Menschen, die in sich Groll oder Hass hegen, werden irgendwann mit anderen Krieg führen. Darum heilen die Hawaiianer derartige Gefühle und Gedanken frühzeitig. Frieden ist aus ihrer Sicht ein natürlicher Zustand. Hass und Wut können nur entstehen, wo ein Mensch dies vergisst. Diesen Irrtum gilt es schnellstens zu berichtigen, bevor weiteres Unheil geschieht.

Beim hawaiianischen Ho'oponopono wird der Teil im Menschen angesprochen, der für die jeweiligen Gedanken und Gefühle verantwortlich ist. Er wird der Obhut einer göttlichen Instanz übergeben. Hier, im Ursprung der Schöpfung, wird dieser Teil im Menschen wieder geheilt. Der Irrtum wird bereinigt. Der Zugang zum Göttlichen gelingt durch einen friedvollen Zustand der Verbundenheit im Herzen.

Bärbel und ich haben vor einigen Jahren diese alte hawaiianische Heilweise aufgegriffen und auf westliche Art neu interpretiert. Diese Heilmethode wird in unserem Buch »Ho'oponopono – eine Herzenstechnik für Heilung und Vergebung« beschrieben. Beim »Hoppen«, wie wir es nannten, nehme ich den Teil ins Herz, der das Problem (die Ablehnung, den Streit oder die Situation in meinem Leben) erschaffen hat. Ich gebe ihm meine ganze Liebe und lasse die Liebe dieses Problem verwandeln. So geschieht die Heilung wie von selbst.

Wenn ich nicht in der Liebe bin, dann fließt die Energie nicht durch mich hindurch und ich muss sie mir woanders holen. Wenn ich sage: »Das ist schlecht, das lehne ich ab«, unterbreche ich den kosmischen Strom, der mich nährt. Ich habe weniger Kraft und werde müde. Vielleicht ist das ein Aspekt des Burn-out: Ich verliere mich in meinen Aufgaben und Verpflichtungen, statt mir Freude und Spiel zu gönnen. Dieser kosmische Strom aus dem unsichtbaren Feld hat mit Freude und Kraft zu tun. Kinder sind sehr viel leichter damit verbunden.

Die Liebe in meinem Herzen kann also Probleme in meinem Leben heilen, wenn ich sie darum bitte. Wenn sich meine Wünsche nicht erfüllen (oder Bestellungen nicht geliefert werden), nehme ich einfach jenen Teil, der meine Wunscherfüllung verhindert, ins Herz und liebe ihn. Bei einem unerfüllten Kinderwunsch kann ich zum Beispiel den Teil in mir, der eine Schwangerschaft verhindert, liebend ins Herz nehmen.

Einmal haben wir im Freundeskreis die Missstände des modernen Schulsystems gehoppt. Dazu stellten wir uns die Frage: »Warum haben wir so ein strenges Schulsystem in Deutschland?« Und als Antwort zeigte sich: Dieses Schulsystem entspricht dem Teil von uns, der auf Recht und Ordnung pocht. Es entspricht einem Land, in dem vieles reglementiert und streng gehandhabt wird. Es ist unfrei, weil Ordnung und Struktur sich durch Freiheit bedroht fühlen. Es beruht auf Glaubenssätzen wie: »Nur wer viel arbeitet, kann was werden; nur wer gut in der Schule ist, kriegt einen guten Job; wer sitzen bleibt, ist ein Verlierer.«

Danach war es uns unmöglich, weiterhin auf das »doofe« Schulsystem zu schimpfen. Stattdessen öffnete mir das Hoppen die Augen, das Schulsystem als Ausdruck meiner eigenen Haltungen zu erkennen. Die Frage »Wenn ich das Schulsystem wäre – warum wäre ich so, wie ich bin?« hilft mir, eine andere Sichtweise einzunehmen, sodass Heilung geschieht.

Übung: Hoppen

Geh zu Beginn dieser Übung in Verbindung mit deinem Herzen. Suche dir irgendein Problem in deinem Leben aus, das du gerne hoppen möchtest. Sage dir innerlich: »Was auch immer dieses Problem in meinem Leben verursacht haben mag, es muss mit mir zu tun haben. Ich lade den Teil in mir, der mit diesem Problem zu tun hat, in mein Herz ein. In meinem Herzen umhülle ich diesen Teil mit einem Band von Licht und von Liebe. Ich nehme diesen Teil ganz an, auch er ist ein Teil von mir. Ich gebe ihm meine ganze Liebe, verpuppe ihn wie eine Raupe, damit bald ein Schmetterling daraus werden kann.«

Verbinde dich beim Hoppen ganz mit deiner Liebe. Dabei kann es hilfreich sein, innerlich Momente in deinem Leben aufzusuchen, in denen du ganz in Liebe warst: dein erstes Date, deine Hochzeit, die Geburt deiner Kinder. Such dir ein Bild, das stark in dir das Gefühl von Liebe hervorzaubert.

Zehnte Erkenntnis: Von Herzen empfundene Annahme kann Probleme lösen.

Aspekt der zweiten Segnung: Annahme

11. Der andere sein

Mensch, was du liebst,
in das wirst du verwandelt werden.
• Angelus Silesius •

Während der zweiten Segnung des Herzens lerne ich, die Menschen so anzunehmen, wie sie sind. Das macht mir Mut, auch mein Eigenes mehr zu würdigen. Ich lerne durch das Annehmen des anderen, mich selbst anzunehmen. Ich finde dabei zu mir, zu meinem eigenen Können. Die zweite Segnung des Herzens bringt mich dahin, mehr bei mir zu bleiben. Da ist plötzlich wenig, worüber ich mit anderen reden möchte, bloß um es loszuwerden. Stattdessen erzähle ich schlimme Dinge nur noch, wenn ich im Herzen spüre, der andere kann meine Erfahrung gerade selbst gut gebrauchen. Ich kann so von meinen Erfahrungen berichten, dass der andere es miterleben und nicht mehr selbst durchleiden muss.

Wenn ich nichts mehr ablehne und aussperre, kann das Leben fließen, auch zu mir. Ich habe damit auch die unausgesprochene Forderung überwunden: »Alles nur für mich, immer alles nur für mich.« Je mehr ich mein Selbstverständnis ausdehne, desto mehr empfinde ich wirklich alles zu mir gehörig. Ich fühle mich verbunden mit der Welt und reich.

So kann ich zum Beispiel plötzlich ohne Geld durch fremde Länder reisen und werde doch versorgt, ähnlich wie es in der

Bibel heißt: »Sehet die Vögel unter dem Himmel an: sie säen nicht, sie ernten nicht, sie sammeln nicht in die Scheunen; und euer himmlischer Vater nährt sie doch« (Matthäus 6,26). Jemand bringt mir Essen, Kleidung, lässt mich über Nacht bei sich schlafen oder gibt mir Geld.

Die südkoreanische Zen-Meisterin Dehaeng Kunsunim hat jahrelang so gelebt. Ich hatte das Glück, sie 2001 erleben zu dürfen. Angeregt durch die sehr berührende Begegnung, befasste ich mich mehrere Jahre intensiv mit ihrer Lehre des Zen-Buddhismus, in deren Kern »Hanmaum« steht, was »Herz«, »universelle schöpferische Kraft« oder »der eine Geist« bedeutet. Dehaeng Kunsunim lebte zwölf Jahre allein in den koreanischen Bergen, immer auf der bedingungslosen Suche nach Antworten auf ihre Fragen. Oft fehlte es ihr an Nahrung und sie war dem Tode nah. Sie überlebte, weil es ihr gelang, mit Hanmaum und damit der Natur selbst in Verbindung zu treten. Diese innere Kraft stellte ihre Versorgung auf mystische Weise sicher (siehe www.hanmaum-zen.de).

Du, gerade so wie du bist,
bist wertvoller als der größte Buddha.
• Dehaeng Kunsunim •

Elfte Erkenntnis: Mit offenem Herzen erlebe ich Begegnungen mit anderen auf neue Art.

Aspekt der zweiten Segnung: Erleben

III. Die dritte Segnung des Herzens:

Heilung

Gesundheit
Frieden
Entwicklung
Ausgeglichenheit
Rückverbindung
Segnen

12. Der Strom des Lebens

Ich kann die Rätsel alle dir der Schöpfung sagen:
denn aller Rätsel Lösungswort ist mein, die Liebe.
• Rumi •

Die Öffnung des Herzens lässt meine Chakras und meinen energetischen Körper stärker und kraftvoller werden. Jede der fünf Segnungen der Herzöffnung hängt darum auch mit einer bestimmten Ebene von Heilung zusammen.

Ein bekanntes Modell zur Beschreibung verschiedener Dimensionen von Heilung stammt von Dietrich Klinghardt, einem maßgeblichen Begründer der modernen Kinesiologie. Sein Modell hat ebenfalls fünf Ebenen, die aufeinander aufbauen: Die unteren drei gehören zum persönlichen Bereich und zum Menschen selbst; die beiden oberen sind überpersönlich, gehen also über den einzelnen Menschen hinaus. Die Ebenen werden durch sogenannte »Körper« beschrieben:

5. Geist-Körper
4. Traum-Körper
3. Mental-Körper
2. Energie-Körper
1. Physischer Körper

Diese Körper existieren gleichzeitig und wirken aufeinander ein. Sichtbare Krankheiten haben nach diesem Modell ihre Ursache oft in höher liegenden Körpern und sollten darum auch dort behandelt werden. Diese **Ebenen der Heilung** korrespondieren mit den entsprechenden Segnungen der Herzöffnung:

Die **erste Ebene** umfasst den physischen Körper. Er verbindet uns mit der Erde und ist damit sozusagen der Raumanzug, den sich unsere Seele zugelegt hat. Der physische Körper beherbergt die fünf Sinne und ist das Betätigungsfeld der klassischen Medizin.

Während der ersten Segnung des Herzens lerne ich meinen eigenen physischen Körper kennen. Durch die Entwicklung von Herzensaugen, Herzensohren und Herzensmund werde ich fühlender und sensibler. Das hilft mir, Krankheiten frühzeitig zu erkennen oder zu verhindern. Ich komme ganz in meinem Körper und auf der Erde an.

Vom Energiekörper handelt die **zweite Ebene.** Er hüllt den sichtbaren Körper ein. In ihm verlaufen Energiebahnen, wie etwa die Meridiane der Akupunktur. Der Energiekörper besteht aus all den elektrischen und magnetischen Ereignissen, die im Körper stattfinden, beispielsweise durch die neuronalen Aktivitäten der Nerven. Auf dieser Ebene wirken Heilungsmethoden, die auf eine energetische Harmonisierung des Körpers abzielen, wie Akupunktur, neurale Therapie oder Qigong; aber auch die Arbeit mit geomantischen Störungen wie Wasseradern oder Erdmagnetfeldern gehört dazu.

Bei der zweiten Segnung des Herzens geht es analog vor allem darum, mein Bewusstsein über meinen Körper hinaus zu erweitern. Ich beginne, meine Ablehnungen zu hinterfragen und loszulassen, was mir manche Probleme und Krankheiten ersparen kann. Die Kraft der Liebe wächst langsam an und macht mir meinen Einfluss auf meine Umwelt deutlich.

Auf der **dritten Ebene** wird der Mentalkörper behandelt, der räumlich an den Energiekörper anschließt, diesen aber auch durchzieht und durchwebt. Der Mentalkörper besteht aus unseren Gedanken, Vorstellungen und Glaubenssätzen. Gedanken wirken auf die beiden unteren Ebenen verändernd ein. Ein typischer Heilmechanismus ist hier der Placeboeffekt. Methoden dieser Ebene sind beispielsweise Gestalttherapie oder psychologische Behandlung.

Dementsprechend werden während der dritten Segnung des Herzens mentale Vorstellungen und Glaubenssätze geheilt. Ich werde mir der Kraft des Herzens immer mehr bewusst und beginne, mich mehr für andere Menschen einzusetzen.

Als überpersönlicher Körper oder Traumkörper wird die **vierte Ebene** bezeichnet. Sie geht über den Einzelnen hinaus und umfasst viele Menschen, zumeist die eigene Ahnenreihe. Energetisch finden sich hier Hinweise auf Schockerlebnisse, karmische Einflüsse oder ungelöste Themen der Herkunftsfamilie. Heilungsmethoden dieser Ebene sind Rückführung, Familienstellen oder schamanische Praktiken.

Die vierte Segnung des Herzens führt mich ebenfalls immer mehr über mein individuelles Selbstverständnis hinaus. Der Mensch beginnt, sich mit der ganzen Schöpfung vereint zu fühlen und bewusst daran mitzuwirken. Die Liebe heilt das Unbewusste und die tief verwurzelten Ablehnungen. Synchronizitäten stellen sich ein.

Auf der **fünften Ebene** der Heilung spricht Klinghardt vom Geistkörper. Hier begeben wir uns in den Bereich der Spontanheilungen. Die Energie der Schöpfung und der Einheit wird wirksam, wenn der Patient in Kontakt zu ihr kommt. In Lourdes wird regelmäßig von solchen Spontanheilungen berichtet. Auch Geistheiler und Schamanen sind manchmal in der Lage, diese Form von Heilung zu erzielen. Das Universum und die Ursprungsenergie selbst wirken hier.

Bei der fünften Segnung des Herzens verbinde ich mich mit genau diesen Heilenergien des Universums. Es ist naheliegend, unser Herz als Quelle für diese Energie des Geistkörpers zu lokalisieren.

Zwölfte Erkenntnis: Herzöffnung schenkt Gesundheit.

Aspekt der dritten Segnung: Gesundheit

13. Im Ursprung ist Stille

Wer in seinem Herzen keinen Frieden hat,
der hat ihn auch nicht außen.
• Johann von Kaysersberg •

Der sogenannte Maharishi-Effekt beschreibt, wie stark eine kleine Gruppe von Menschen, die im inneren Frieden sind, auf größere Bevölkerungsgruppen Einfluss nehmen kann. Maharishi Mahesh Yogi geht bereits von einem spürbaren Rückgang von Gewalt und Kriminalität aus, wenn nur 1 Prozent einer menschlichen Gemeinschaft die von ihm erfundene Meditationspraxis längere Zeit ausüben würde. Anfang der 1980er-Jahre wurde diese Theorie während eines Nahost-Krieges praktisch untersucht: An bestimmten Tagen wurden ausgesuchte Personen an Orte im Kriegsgebiet gebracht, um dort in dieser Form zu meditieren und einen Zustand von innerem Frieden einzunehmen. Und tatsächlich sank die Zahl der Anschläge, Verbrechen und Verkehrsunfälle deutlich. Der innere Frieden der Versuchsteilnehmer spiegelte sich also in ihrer Umgebung wider.

Weitere Untersuchungen zeigten einen Rückgang der Gewalt sogar schon dann, wenn sich nur ein Teil der Gemeinschaft im inneren Frieden befindet. Für eine Weltbevölkerung von 7 Milliarden Menschen wären für eine zuverlässige friedliche Verbesserung nur etwa 8500 Personen nötig, die solch eine Meditation dauerhaft ausüben.

Wir alle sind also weit stärker mit unserer Umwelt verbunden, als es zunächst den Anschein hat. Alles, was uns im Außen falsch erscheint, sind Spiegelungen unserer selbst. Urteile ich: »Das ist schlecht«, sage ich innerlich immer zu mir: »Ich bin schlecht!« Durch die Abwertung dessen, was im Außen ist, gebe ich mir selbst immer wieder einen Tritt.

Wenn ich durch meine Gefühle nun einen positiven Einfluss im Mikroskopischen auf meine DNA wie auch makroskopisch betrachtet auf die Menschen meiner Umwelt ausübe, müsste dann nicht – schauriger Gedanke – das Umgekehrte auch gelten: Wirken meine negativen Gefühle und negativen Gedanken genauso stark auf meinen Körper und meine Umwelt? Ist der Krieg in der Welt nur ein Ausdruck des innerlich tobenden Krieges in uns selbst?

Um ein Beispiel zu bringen: In den arabischen Ländern ist das gesamte Geld wie nirgendwo anders auf der Welt in den Händen weniger Mächtiger. Und wie sieht dort die Umwelt aus? Wüste, Steppe und karge Landschaften sind nun da, wo noch zu Zeiten der Römer blühende Landschaften gediehen. Das nördliche Afrika war die Kornkammer des Römischen Reiches. Möglicherweise ist die Natur dort ein Ausdruck der Armut vieler, die im krassen Gegensatz steht zum überquellenden Reichtum weniger Leute.

In einem Beobachter-Universum heilt die Welt automatisch mit, wenn ich selbst Heilung finde. Je mehr ich innerlich in Ruhe, Frieden und Stille bin, desto häufiger werden mir diese Qualitäten auch in meiner Umwelt begegnen. Ich reagiere weniger auf die Umstände, sondern beginne zu agieren und mein Leben selbst in die Hand zu nehmen. Wo ich mich früher als Opfer der Umstände betrachtete, bin ich mir nun meiner Selbstverantwortung bewusst.

Es geht also darum, das Gefühl, das ich in der Welt erfahren möchte, zuerst einmal in meinem Inneren selbst zu finden, es zu verstärken, um es dann ganz zu sein. Dann wird es sich auch in die Welt hinaus verbreiten. Gefühle sind ähnlich wie Radioprogramme, die ich bewusst einschalten kann. Habe ich Lust auf Blues, suche ich mir den entsprechenden Sender aus, höre die Musik, fühle sie mit und gehe in dieses Gefühl. Habe ich Lust auf Pop, wähle ich eben einen anderen Sender. Wichtig ist bei diesem Bild vor allem, Gefühle nicht mehr als nur mir allein gehörig zu betrachten, sondern als allgemein im Raum verfügbar, wie eine Radiowelle, auf die jeder Mensch zugreifen kann. Ein Gefühl, das ich mir im Programm aussuche, wird durch meine Teilnahme lebendig und darum verstärkt. Meine Lebensenergie fließt wie der Strom beim Radio in dieses Programm, dieses Gefühl, bis ich den Stecker wieder herausziehe.

Herzensqualitäten wie Stille und Frieden verbreiten sich in der Welt, wenn ich sie bewusst »einschalte«, zum Beispiel durch einen Spaziergang oder eine Meditation. Im Taoismus ist die Stille gleichbedeutend mit dem Nichts, aus dem alles entstehen kann. In der Stille und der Ruhe ist latent alles enthalten, aber noch nicht entfaltet, nicht geboren. Idee und Form sind noch nicht festgelegt. Alles ist möglich. Damit wird die Stille zum Ursprung von »Allem, was ist«.

Stille und Frieden sind die Orte in unserem Herzen, über die wir Zugang zu diesem Ursprung aufnehmen können. Hier entspringt die Schöpfung: wenn wir werden »wie die Kinder«, wie es in der Bibel heißt; wenn wir wagen, unseren Verstand zu verlieren, unsere Erwartungen und unsere Vorstellungen.

In Indien wird Musik als Kommunikationsmittel des Himmlischen angesehen, und gute Musiker werden hoch geehrt. Als gut wird ein Musiker bezeichnet, der sich besonders tief meditativ versenken kann und der seine Musik aus der Ruhe und Stille dieser Versenkung hervorbringt. Solch ein Musiker geht in völlige Verbindung mit dem Ursprung der Klänge und lädt die Schöpfung selbst ein, durch ihn zu musizieren. Er macht sich zum Instrument der Schöpfung. Die Zuhörer erheben sich nach dem Konzert in Stille und Versunkenheit und lassen die Klänge in sich weiterklingen, ohne sie durch lauten Beifall zu vertreiben.

Dreizehnte Erkenntnis: Frieden im Herzen führt zu Frieden in der Welt.

Aspekt der dritten Segnung: Frieden

14. Die Kraft der Liebe

Die Liebe trägt die Seele,
so wie die Füße den Leib tragen.
• Katherina von Siena •

Als in den 1980er-Jahren die modernen Brutkästen für Frühgeborene aufkamen, waren die notwendigen Handgriffe des Pflegepersonals hygienisch sehr belastend für die Babys. Also entwickelte man Techniken, sie ohne physischen Kontakt zu versorgen. Alles schien perfekt – die Er-

nährung, die Sauerstoffzufuhr, die Wärme –, aber die Babys gediehen nicht! Erst wenn die Frühchen den Kasten verlassen konnten (sofern sie überlebt hatten), legten sie schnell an Gewicht zu. Man rätselte herum und fand schließlich eine Frühgeborenenstation, in der Kinder trotz Brutkasten prächtig wuchsen. Alle wurden von derselben Nachtschwester betreut. Was machte sie anders? Bei der Befragung gab sie zu, dem Schreien der Kleinen nicht widerstehen zu können. Sie hatte begonnen, die Babys trotz Verbot zu streicheln und sie so zu beruhigen. Allein diese Zuwendung ließ die Babys gedeihen.

Die Zellen der Babys fallen in eine Art Winterschlaf und hören einfach auf zu wachsen, wenn ihnen Zuwendung fehlt. Emotionaler Kontakt in Form von körperlicher und geistiger Zuwendung kann darum als eine Grundvoraussetzung für die Entwicklung der Babys angesehen werden. In der Liebe wohnt eine Kraft, die wesentlich für die Zellentwicklung ist.

Schon Paracelsus wusste: Das größte Heilmittel ist die Liebe. Die Liebe trägt das Geheimnis von Heilung und Entwicklung in sich. Heiler (Ärzte, Therapeuten etc.), die ein offenes Herz haben, strahlen in der Regel Selbstvertrauen, Zuversicht, Anteilnahme und Freude an ihrem Tun aus. Es fällt ihnen leicht, sich ihrer inneren Führung anzuvertrauen. Und wenn dann auch der Patient oder Klient voller Vertrauen in den Prozess und voller Akzeptanz des gegenwärtigen Zustands ist, sind die Chancen hoch, dass die Behandlung erfolgreich verläuft.

Auch die Wissenschaft hat die Rolle der Gefühle bei der Entstehung von Krankheiten weitgehend erkannt. Ein Bekannter von uns, der als Heiler arbeitet, meinte kürzlich scherzhaft, aus Sicht der Medizin seien mittlerweile etwa 70 Prozent der Krankheiten beim Menschen psychosomatisch bedingt – und die restlichen 30 Prozent seiner persönlichen Meinung nach auch! Erinnern wir uns: Die Sprache, mit der das Universum mit uns in Kontakt tritt, sind unsere Gefühle und inneren Bilder. Unsere DNA wie auch unser Körper reagieren auf das, was wir in uns tragen und aussenden. Hass, Wut oder Stress wirken darum sicher belastend auf unser Körpergewebe.

Im Sufismus gibt es das Ideal, der Stimme des eigenen Herzens zu folgen, denn diese liebevolle Stimme wird uns immer zu persönlichem Wachstum und zum Wohl aller führen. Der Stimme des Herzens zu folgen bedeutet, den Weg des Derwischs zu gehen, des tanzenden Weisen, der ohne Hab und Gut in der sicheren Gewissheit umherzieht, überall zu überleben und neu anfangen zu können – unabhängig von allen äußeren Umständen.

Vierzehnte Erkenntnis: Herzöffnung schenkt Leben und Entwicklung.

Aspekt der dritten Segnung: Entwicklung

15. Heilung des Herzens

Liebe ist der Entschluss,
das Ganze eines Menschen zu bejahen,
die Einzelheiten mögen sein, wie sie wollen.
• Otto Flake •

Das Herz wird vor allem durch schmerzhafte, nicht gefühlte und nicht erlebte Gefühle belastet. Werden in schwierigen Lebenssituationen die aufkommenden Gefühle verdrängt, verharren sie unterbewusst im Körper und warten darauf, wieder abgerufen und geheilt zu werden. Das Herz wird dadurch zu einer Art Sammelstelle für unbewältigte Gefühle. Und es leidet darunter.

Sehr deutlich ist dies beim Phänomen des »Kriegsherzens«. Während des Ersten Weltkriegs litten zahlreiche Soldaten unter unerfindlichen Herzbeschwerden. Je länger der Krieg anhielt, desto mehr häuften sich an der Front Klagen über schnellen oder unregelmäßigen Puls, Schmerzen oder nervöses Herzflattern. Die Ärzte sahen einen Zusammenhang mit den Kriegserlebnissen, die emotional weit größere Anforderungen an das Herz stellen als der normale Alltag.

Werden zu viele Gefühle verdrängt und vom Erleben abgespalten, erliegt das Herz dieser Überbeanspruchung früher oder später. Der Körper ist prinzipiell sehr viel länger als 80 oder 90 Lebensjahre dazu in der Lage, vital und gesund zu bleiben. Die uns vertrauten Alterungsprozesse entstehen wesentlich durch die große Anzahl von nicht gelebten Gefühlen, die unser Herz früher als nötig gebrechlich werden lassen. Ein fühlendes, offenes Herz kann wie ein Jungbrunnen wirken, der uns vor Alterung schützt.

In unserem Buch »Fühle mit dem Herzen« haben wir (Bärbel und Manfred) die Folgen ungelebter Gefühle auf unser Leben und unser tägliches Verhalten beschrieben. Wenn der Schmerz nicht zu Ende gelebt ist, köchelt die unbewältigte Situation im Inneren weiter und bricht manchmal aus – im wahrsten Sinne des Wortes, wie ein Vulkan. Sobald ein anderer Mensch mir (also dem nicht gelebten Gefühl) zu nahe kommt, wird die entsprechende Situation wieder angesprochen, und meine Gefühle machen sich selbstständig. Ich glaube mich schützen zu müssen und werde wütend, laufe weg oder zeige sonst eine Art von überzogener äußerer Reaktion. Viele Partnerschaftsprobleme beruhen auf verdrängten Gefühlen. Nicht zu Ende gelebte Verletzungen, die einer oder beide Partner in der Kindheit erlebt haben, können auf einer anderen Ebene »reaktiviert« werden und zu Spannungen führen.

Wann immer ich unangemessen wütend oder verletzt reagiere, kann ich sicher sein, dass jemand gerade meine innere Tretmine berührt und ausgelöst hat. Meine Wut kaschiert den Schmerz, den ich nicht fühlen will. Aus der Erinnerung an die schmerzhafte Situation glaube ich, mich schützen zu müssen. Dabei verletze ich leicht andere, mir nahestehende Menschen. Aus einem irrigen Glauben heraus, wie die Hawaiianer es nennen, werde ich vom Opfer zum Täter. Ich selbst bin in diesem

Augenblick innerlich nicht in Ordnung, also »un-heil«. Dieses Unheil wird durch mein Verhalten wie ein Virus an meine Umwelt weitergegeben. Und irgendeine Instanz in mir weiß von diesem Unrecht und fühlt sich schuldig.

Warum ist der Schmerz für den Zugang zum fühlenden Herzen so wichtig? Weil ich nur fühlend werde, wenn sich auch die unerlösten Gefühle zeigen dürfen, und nur indem ich sie fühle, befreie ich mich von den unterbewussten Sabotageprogrammen, die mich zu ihrer Marionette machen und mir den Blick für die Schönheit der Welt verstellen.

Eine Lösung, um das Unheile in mir zu heilen, ist die liebevolle Zuwendung. Eine Haltung, in der ich sagen kann: »Ich liebe mein Gefühl, meine Angst und meine Wut, sie sind auch ein Teil von mir. Ich liebe den Teil in mir, der wehtut und der Schmerzen hat. Ich nehme ihn ganz in mein Herz. Ich schenke ihm meine ganze Liebe.«

Fünfzehnte Erkenntnis: Die Verankerung im Herzen schenkt innere Ausgeglichenheit.

Aspekt der dritten Segnung: Ausgeglichenheit

16. Heilung aller Ebenen

Der Mensch findet seine Vollendung
nicht in dem, was er hat,
sondern in dem, was er ist.
• Oscar Wilde •

Immer wieder werden medizinisch unerklärbare Heilungen von schweren Krankheiten beschrieben, beispielsweise im französischen Lourdes. Gibt es möglicherweise einen Zusammenhang zwischen diesen sogenannten Spontanheilungen und dem sich öffnenden Herzen?

Meiner Ansicht nach gilt es, den Begriff der Spontanheilung sehr viel umfassender anzuwenden als üblich. Meist zeigt sich die einer Krankheit zugrunde liegende Ursache lange Zeit noch gar nicht im Außen, sondern schlummert unsichtbar im Körper. Vor allem unsere verdrängten, nicht gelebten Gefühle wirken oft auf psychosomatischer Ebene. Sie gilt es möglichst zu heilen, bevor es zur physischen Erkrankung kommt.

Das Universum unterstützt Lebendigkeit und Gesundheit. Darum lässt es mich unterbewusst diejenigen Menschen aufsuchen, die mir helfen, nicht gelebte und unheile Gefühle zu spüren und zu heilen. Man könnte auch sagen, Menschen, die mir Probleme bereiten, sind Entwicklungshelfer meiner Heilung. Eigentlich müsste ich also allen »Nervensägen« und »Störenfrieden« in meinem Leben dankbar sein. Sie spiegeln mir nur Teile von mir, die nicht heil sind – und zwar so lange, bis ich wieder gesund bin, denn dann nerven sie mich nicht mehr, sondern sind mir egal. (Allerdings kommen dann sicher neue, mit einem anderen Thema, das ich mir ansehen kann …)

Warum heilt die Rückverbindung zur Liebe überhaupt? Weil sie ähnlich wirkt wie die Reset-Taste beim Computer. Ich boote mein System neu, und zwar so, wie es eigentlich vorgesehen war. Ich verbinde mich mit der Ebene, wo alles gesund war, und erlebe mich von dort aus wieder als heil und ganz. Diese Rückverbindung heilt auch meine ungelebten Gefühle und vor allem den nicht gelebten Schmerz.

Das Zulassen von Schmerz bringt uns zurück an den Ort unseres Ursprungs. Wenn wir diesen Ort als *Einheit* bezeichnen (oder als *Gott, Universum* oder *Liebe*), dann können wir unsere normale Daseinsform auf der Erde »Vielheit« nennen. In unserer normalen Welt gibt es unendlich viele Dualitäten. In der Einheit gibt es diese Aufspaltung in viele Gegensätze nicht. Hier verschmilzt wieder alles zu dem Einen, aus dem alles entstanden ist. Diese Einheit ist wie das Meer, aus dem eine Vielzahl von Tropfen hervorgehen kann.

Sechzehnte Erkenntnis: Ein offenes Herz ermöglicht die Rückverbindung zum Ursprung.

Aspekt der dritten Segnung: Rückverbindung

17. Fühlen, was erlöst sein möchte

Die Liebe allein versteht das Geheimnis,
andere zu beschenken
und dabei selbst reich zu werden.
• Clemens von Brentano •

Wenn ich meine Ablehnungen zu großen Teilen überwunden habe, werden mein Selbstverständnis und mein Mitgefühl immer umfassender. Ich spüre, wenn etwas irgendwo fehlt oder gebraucht wird, und lasse zu, dass es durch mich geschieht. Ich werde zu einer Art Instrument für einen höheren Willen. Meine Gebete und mein Segen gelten jetzt allen Menschen: »Mögen alle Menschen genug zu essen und zu trinken haben. Möge dieses Land genügend Wasser haben.«

Menschen, die in dieser Art und Weise etwas Höherem dienen, bekommen manchmal als Belohnung eine besondere Gabe geschenkt: Ein Arzt wird vielleicht ein neues Heilmittel für eine Krankheit finden. Oder ein Ingenieur wird ein Gerät entdecken, das vielen Menschen das Leben erleichtert.

Beten und Segnen in diesem Sinne meint, die Liebe an alle Menschen verströmen zu lassen. Das kann auch durch Worte geschehen. In Verbindung mit der Fähigkeit, alles zu fühlen, erhält das Wort in Form des Betens und Segnens seine ursprüngliche Kraft zurück.

Ein besonders schönes Gebet, das häufig in meinem Sufi-Orden Verwendung findet, stammt von Hazrat Inayat Khan. Hier wird die Kraft der Worte deutlich spürbar:

Khatum
O Du, die Vollkommenheit von Liebe,
Harmonie und Schönheit,
Herr des Himmels und der Erde,
öffne unsere Herzen,
damit wir Deine Stimme hören,
die ständig in unserem Innern erklingt.
Enthülle uns Dein göttliches Licht,
verborgen in unserer Seele,
damit wir das Leben besser erkennen und verstehen.
Gnadenreicher und barmherziger Gott,
gib uns Deine große Güte;

lehre uns Dein liebendes Verzeihen;
erhebe uns über die Unterschiede und Abgrenzungen,
die uns Menschen trennen;
sende uns den Frieden Deines göttlichen Geistes
und vereinige uns alle
in Deinem vollkommenen Sein.
Amen.

Die Sufis nutzen die Kraft des Wortes in Form der sogenannten »Wasifas«, um bestimmte Qualitäten in ihr Leben einzuladen. Wasifa bedeutet übersetzt »Name Gottes«. Sie wirken ähnlich wie die indischen Mantras, die auch durch viele Wiederholungen erst ihre richtige Kraft entfalten. Durch Anrufung der Namen Gottes werden im Menschen bestimmte Fähigkeiten wie innere Harmonie oder Verbundenheit geweckt, die sonst meist nur schlummern.

Siebzehnte Erkenntnis: Die Liebe im Herzen möchte sich verströmen und zum Wohl der anderen wirken.

Aspekt der dritten Segnung: Segnen

IV. Die vierte Segnung des Herzens:

Erfüllung

Glück
Präsenz
Ausstrahlung
Erlösung
Selbstwertschätzung

18. Glücksempfinden

Glück hängt nicht davon ab,
wer du bist oder was du hast;
es hängt nur davon ab, was du denkst.
• Dale Carnegie •

Die Segnungen des Herzens werden von einem besonderen Gefühl von Glück oder Erfüllung begleitet.

Während der **ersten Segnung** geht es vor allem um das Fühlen und das bewusste Sein. Glück hat auf dieser Ebene einfach damit zu tun, mich selbst erstmals wirklich zu fühlen. Jeder Moment meines Lebens bekommt mehr Gewicht, und ich beginne, mich verstärkt auf das Hier und Jetzt einzulassen. Dabei werde ich wie ein Kind, das beim Spiel freudig in der Gegenwart versinkt. Ich werde glücklicher, da ich aufhöre, über die Vergangenheit oder die Zukunft nachzugrübeln. Es entsteht automatisch mehr Ordnung in meinem Leben, und ich entwickle Freude daran, aufzuräumen und Dinge wegzuwerfen. Ich genieße es, wenn ein Raum eine harmonische, ruhige Ausstrahlung bekommt. In vielerlei Hinsicht beginne ich, mir selbst etwas Gutes zu tun: Ich nehme mir Zeit für mich, treibe Sport, meditiere oder gehe spazieren. Und ich frage mein Herz häufiger, was es sich wünscht.

Die Umwelt und die anderen Menschen sind das Thema der **zweiten Segnung.** Auf dieser Ebene erfüllt es mich, mit anderen Menschen zu tun zu haben. Ich pflege meine Kontakte zu anderen, da gute Beziehungen mein Glücksempfinden stärken. Glück macht eben erst so richtig glücklich, wenn ich es teilen kann. Ich beginne zu spüren, welche Menschen mir guttun und welche nicht. So gibt es auch Menschen, die aus meinem Umfeld verschwinden, da sie einfach nicht mehr zu mir gehören. Ich pflege meine Freundschaften sehr bewusst und achte darauf, auch andere glücklich zu machen.

Die **dritte Segnung** bringt mich anderen Menschen noch näher. Ich spüre sie immer mehr und fühle mich ihnen noch mehr verbunden. Menschen werden von mir vorbehaltlos betrachtet, ohne mich von Aussehen und Allüren blenden zu lassen. Ich merke, dass Geld nicht glücklich macht, und beginne darum, ein einfaches Leben zu führen. Ich merke, wo ich Probleme in meinem Leben habe und wie sie mir Energie rauben. Mein sich zunehmend öffnendes Herz schenkt mir die Fähigkeit, positiv mit Problemen umzugehen und sie rasch zu lösen. Ich treffe bereitwilliger Entscheidungen, da Zögern nicht das Problem löst. Ich gewinne an Kraft, mein Leben selbst zu gestalten. Und auch das macht glücklich.

Durchschreite ich die **vierte Segnung,** wird das Glück zu meinem ständigen Begleiter. Ich übernehme Verantwortung für mein Leben und höre auf, Opfer zu sein. Mit meiner Vergangenheit habe ich mich ausgesöhnt, und ich hadere weniger mit meinem Schicksal. In mir entsteht Vertrauen zum Leben, und ich gehe mit offenem Herzen auf das Leben zu. Ich beginne, Dinge aus dem Herzen und mit Hingabe zu tun. Meine Arbeit erfüllt mich, und ich forme mein ganzes Umfeld so, dass es mich erfüllt. Dankbarkeit durchströmt mich: Dankbarkeit für das Erreichte und für die vielen kleinen Glücksmomente in meinem Leben. Vor meinem inneren Auge formt sich ein klares Ziel, das ich anstrebe und auf das ich hinarbeite.

Bei der **fünften** und letzten **Segnung** besteht mein Glück in der stärker werdenden Verbindung zum Universum. Alles ist gut, wie es ist. Mein Glaube stützt mich und gibt mir ein gutes Gefühl. Ich vertraue auf das Universum, es wird mich zu meinem Ziel bringen. Der Fluss des Lebens trägt mich, und ich bekomme etwas sehr Schönes geschenkt: Zuversicht. Es gibt einen höheren Sinn in meinem Leben. Ich tue das Richtige im richtigen Moment. Wenn ich esse, esse ich, wenn ich schlafe, schlafe ich. Ich bin ganz präsent im Moment der Schöpfung, so wie er sich jetzt gerade zeigt.

Achtzehnte Erkenntnis: Herzöffnung macht glücklich.

Aspekt der vierten Segnung: Glück

19. Jetzt

Wie der stille See seinen dunklen Grund
in der tiefen Quelle hat,
so hat die Liebe eines Menschen
ihren rätselhaften Grund in Gottes Licht.
• Sören Kierkegaard •

Wenn wir ganz eins sind mit uns selbst und dem, was wir tun; wenn Bewusstsein und Handlung miteinander verschmelzen, dann sprechen wir von einem »Flow« – ein Begriff, den Mihaly Czikszentmihalyi geprägt hat. Im Flow werden Herzschlag, Atmung und Blutdruck synchron und es stellt sich ein Glücksgefühl ein.

Von Kindern kennt man diese Momente: Völlig fern von Zeit und Raum versinken sie in einer Tätigkeit. Vielleicht beziehen sich die Sätze aus der Bibel »Wer nicht das Reich Gottes annimmt wie ein Kind, der wird nicht hineinkommen« (Lukas 18,17) und »Lasset die Kinder zu mir kommen; denn solcher ist das Himmelreich« (Matthäus 19,14) auf genau solche Momente: den Flow, die Zone, das zeitlose Spielen im Fluss des Lebens im Hier und Jetzt. Diese Präsenz, dieses Völlig-in-der-Gegenwart-Sein, entsteht auch, wenn sich das Herz öffnet.

Die aramäische Sprache, in der Jesus das »Vaterunser« wahrscheinlich gesprochen hat, ist sehr bildhaft und lässt bei ihrer Deutung eine große Spannbreite zu. Neil Douglas-Klotz (»Die

Namen Gottes«, Droemer Knaur Verlag) zeigt, dass der Originaltext der Passage »Vergib uns unsere Schuld« sich auch so übersetzen ließe: »Behüte mich davor, etwas zur falschen Zeit zu tun.« Er erklärt dies anhand des Bildes einer Weinlese zu einem Zeitpunkt, wo noch gar keine Trauben gewachsen sind.

Es geht also weniger um Schuld, sondern um die Frage, ob mein Tun zur rechten Zeit stattfindet. Im Zustand des Flows folge ich meiner inneren Führung, die mich das richtige und beste Jetzt als Zeitpunkt auswählen lässt. Dieser höhere Wille braucht Raum, um sich in mir zu entfalten. Wenn die Verbindung zur inneren Führung aufgebaut ist, zeigt sie sich, indem die Dinge leicht werden. Die Energie fließt ganz einfach, und die Arbeit geschieht mühelos.

Manchmal gibt es jedoch Teile in mir, die sich gegen die innere Führung sperren und sie zu verhindern suchen. Diese inneren Anteile können auch wesentlich daran beteiligt sein, wenn sich meine Wünsche und Bestellungen beim Universum nicht realisieren. Nur indem ich die eigene Absicht loslasse und mich von meiner Intuition leiten lasse, kann ich die Wirkung der Führung bemerken. Dann erst kann sie mich lenken.

Neunzehnte Erkenntnis: Mit offenem Herzen bin ich im Jetzt und Hier.

Aspekt der vierten Segnung: Präsenz

20. Das wahre Wesen

Mein Herz ruft deinen Namen,
selbst wenn du meinen vergessen würdest.
• Khalil Gibran •

Wenn sich der weibliche intuitive und der männliche expressive Aspekt des Herzens entwickelt haben, wachsen sie zusammen und bilden ein inneres Zentrum, eine feste Grundlage, die mich sicher durchs Leben trägt.

Mit diesem inneren Kern entsteht ein hohes Maß an Zufriedenheit und Selbstsicherheit. Schicksalsschläge können besser hingenommen werden, und es entwickelt sich eine Art Urvertrauen, das gegen äußere Widrigkeiten immer stabiler wird. Der feste Glaube in die eigenen Fähigkeiten wird mit der Zeit unverrückbar, der Mensch wird immer zuversichtlicher, und die seelische Stabilität nimmt weiter zu.

Eine nähere Betrachtung des Begriffs des »Kerns« offenbart die Möglichkeiten, die mit seiner Entwicklung einhergehen. Aus biologischer Sicht ist ein Kern die Essenz, aus der neues Leben entsteht (etwa beim Apfelkern). Er ist aus sich heraus gestaltend und schöpferisch, er möchte sich weitergeben, um neues Leben zu spenden. So gesehen schafft ein Mensch durch die Bildung seines inneren Kerns in sich einen Samen, um mit ihm anschließend andere Menschen ebenfalls zu befruchten.

Der Begriff »Kern« taucht auch in der Physik bei der Beschreibung von Materieteilchen auf. Vergleicht man die mikroskopische Welt mit der makroskopischen, so ähnelt der positiv geladene Atomkern, um den die negativ geladenen Elektronen kreisen, der Sonne eines Sonnensystems, um den die Planeten angeordnet sind. Dieser Kern ist reine Energie. Der Kern wird sinnbildlich zur alles erwärmenden Sonne des Planetensystems Mensch. Solch ein Mensch strahlt aus und gibt seine Wärme an andere Menschen weiter.

Schließlich steht der Begriff »Kern« geologisch in Zusammenhang mit dem Planetenkern oder der Erdmitte. Der Kern in diesem Sinne hat so viel Gewicht, dass eine spürbare Anziehungskraft in Form von Gravitation entsteht. Bildet sich solch ein Kern in einem Menschen, so erzeugt er eine unsichtbar wirkende, aber für viele Menschen wahrnehmbare Anziehungskraft.

Wird dieser Kern durch die fortschreitende Öffnung des Herzens immer weiter gestärkt, entdeckt der Mensch in sich eine nicht enden wollende Quelle von Inspirationen. C.G. Jung nannte diese Quelle »das Psychoide«, aus dem seiner Ansicht nach die Symbole der Träume und inneren Bilder emporsteigen, um Dichtern, Malern oder Musikern als Vorgabe zu dienen. Im Menschen entstehen innere Zufriedenheit und Harmonie, die wie eine unerschöpfliche Batterie wirken und ihm immer neue Kraft verleihen. Solch ein Mensch beginnt zu wirken, allein durch seine Anwesenheit, auch ohne viele Worte.

Die Sufis nennen solche Menschen *Lehrer, deren Herzen die Herzen der anwesenden Menschen unterrichten.* Indische Traditionen bezeichnen diese Wirkung eines Lehrers auf seine Schüler als *Satsang:* Die Schüler kommen in Stille und Harmonie zum Lehrer, um dessen Ausstrahlung zu genießen und allein schon dabei zu wachsen. Das Herz des Lehrers wirkt auch ohne Worte.

Zwanzigste Erkenntnis: Mit offenem Herzen gewinne ich an seelischer Ausstrahlung.

Aspekt der vierten Segnung: Ausstrahlung

21. Liebe und Schmerz

Unsere tiefsten Ängste sind wie Drachen,
die unsere kostbarsten Schätze bewachen.
• Rainer Maria Rilke •

Wenn sich das Herz öffnet, entfaltet sich die dort innewohnende Liebe und beginnt zu wirken. Warum ist Liebe überhaupt so wichtig? Weil sie Schritt für Schritt die Ablehnung überwindet. Ablehnungen beruhen meistens auf unangenehmen oder schmerzhaften Gefühlen, die ich nicht spüren möchte.

Unsere Seele hat ihren Ursprung in der Einheit, in der alles umfassenden Liebe. Hier gibt es noch keine Gefühle. Sie entstehen erst, wenn die Seele sich aus der Einheit in den Körper begibt. Gefühle sind dual aufgebaut, zu jedem Gefühl gibt es auch ein Gegenteil. Die Liebe hingegen kennt keine Polarität und ist damit auch kein Gefühl in diesem Sinne.

Bei der Geburt löst sich die Seele aus der Einheit. Im Körper angekommen, erlebt das Kind vieles als Gegenteil von Liebe, da hier auf der Erde Dualität herrscht statt Einheit. Darum fühlt es sich bald ungeborgen und nicht geliebt. Doch die Liebe bleibt in seinem Herzen erhalten. Wenn sich diese Liebe dann irgendwann ausweitet, weil die Person mehr Dinge und Menschen in ihrem Leben zu lieben beginnt, wird das Gefühl der Getrenntheit allmählich überwunden. Je größer meine

Liebe wird, umso größer die Verbundenheit. Bis die Einheit wiedererlangt ist.

Ein wichtiger Schritt, damit die Liebe wachsen kann, besteht wie gesagt darin, unangenehme oder schmerzhafte Gefühle zuzulassen, denn dann verwandeln sie sich in ihr Gegenteil.

Während einer Trennungsphase konnte ich selbst diese Erfahrung machen. In meinem Leben gab es einige Trennungen, doch immer fand ich Möglichkeiten der Ablenkung, um mein Gefühl des Alleinseins und der Abweisung nach der Trennung nicht zu erleben: Es fanden sich Freunde, neue Liebschaften, es gab die Arbeit, eine Weiterbildung, den Sport, was auch immer. Dann aber, bei meiner letzten Trennung, passierte etwas anderes: Ich schaffte es, wirklich bei dem Gefühl zu bleiben, mich alleine und abgewiesen zu fühlen. Ich konnte es tief empfinden. Und dabei geschah etwas sehr Merkwürdiges, ja Unglaubliches: Mir ging es zwischendurch immer wieder richtig gut! Ich fühlte mich geliebt, geschützt, geborgen, mit mir selbst und ganz alleine. Es war, als ob meine Seele wüsste, hier passiert etwas Gutes! Ich suchte regelrecht das Alleinsein und war viel in der Natur. Und dabei habe ich es irgendwie geschafft, aus mir selbst heraus Kraft zu schöpfen und niemanden mehr zu brauchen, um die Leere in mir zu füllen.

Wenn die Liebe wächst, entstehen zunehmend Qualitäten wie Annahme, Dankbarkeit und die Bereitschaft zur Vergebung.

Vergebung

Als Seele trage ich irgendwo in mir noch immer unbewusst eine Erinnerung an die Einheit. Allein die Wahrnehmung, nicht mehr in dieser Einheit zu sein, löst schon ein Gefühl der Schuld aus, einen vagen Eindruck, das Paradies durch eigenes Verschulden verloren zu haben. Vergebung ist ein Aspekt der Liebe, denn sie führt zusammen. Schuldzuweisungen sind ein sehr geschicktes Instrument, mich von mir oder vom anderen zu trennen, indem ich sage: »Du bist schuld, du bist getrennt von mir, also ist die Schuld nicht mehr bei mir, sondern bei dir.«

Es gibt fünf Aspekte der Vergebung:

- Ich vergebe mir, wofür ich mich bewusst schuldig fühle.
- Ich vergebe mir, wofür ich mich unbewusst schuldig fühle.

- Ich vergebe anderen, wofür ich sie bewusst beschuldige.
- Ich vergebe anderen, wofür ich sie unbewusst beschuldige.
- Schließlich gibt es noch eine Schuld in Verbindung mit dem Universum oder auch Gott: Ich vergebe auch dieser höchsten Instanz die Schuld, die ich ihr bewusst oder unbewusst gebe.

Öffne ich mein Herz für die Liebe und lasse meine schmerzhaften Gefühle zu, entstehen also Heilung und Transformation.

- Der Schmerz der ersten Trennung wird schrittweise geheilt.
- Ich fühle mich mehr verbunden mit der Welt um mich herum.
- Es entsteht ein Gefühl von innerem Wachstum und Reife.
- Unangenehme und nicht gelebte Gefühle werden geheilt.
- Es tritt ein Gefühl von Vergebung ein, das frei von Schuld ist.
- Die inneren Ängste nehmen ab, sie werden weniger.

Einundzwanzigste Erkenntnis: Herzensgefühle können Schmerz verwandeln und auflösen.

Aspekt der vierten Segnung: Erlösung

22. Mir das Glück erlauben

Die Menschen kommen durch nichts
den Göttern näher,
als wenn sie Menschen glücklich machen.
• Cicero •

Die vierte Segnung des Herzens drängt mich, das auf meinem Weg ins Herz erworbene Wissen auch an andere weiterzugeben. Dabei muss nicht unbedingt viel gesagt oder getan werden. Es ist das Herz, das ein anderes Herz sieht und heilt, allein durch das Wirken seines Seins.

Auf dieser Ebene der Herzöffnung wird nun noch eine andere Facette der Ablehnung geheilt: das Ideal. Unbewusst versteckt sich hinter jeder Ablehnung, die ich in mir habe, eine Vorstellung von einem Ideal. Ich lehne etwas ab, weil es meinem Ideal nicht entspricht oder mein Ideal verhindert. Diese Ideale können auch dann noch wirken, wenn ich meine Ablehnung scheinbar bereits überwunden habe. Heilende Sätze zu dieser Ebene sind: »Es ist gut, wie es ist – es ist, wie es ist. Das Gute ist gut, das Schlechte ist schlecht, das Gute ist schlecht und das Schlechte ist gut.« Auch das Schlechte hat seinen Sinn. Obwohl es meinem Ideal nicht entspricht. Alles wird angenommen, wie es ist, und ich bin dafür dankbar.

Auch für das Unangenehme oder gar Schlechte dankbar zu sein, ist eine sehr große Herausforderung. Aber »Das Schlechte ist nur das Gute, von seinem eigenen Hunger und Durst gepeinigt«, wie Khalil Gibran sagt. Ich kann erst dankbar für das Schlechte sein, wenn ich jede Bewertung in Falsch und Richtig aufgegeben habe. Ich gestehe mir ein, dass ich letztlich nicht wissen kann, was gut oder schlecht ist. Die Moslems sagen in diesem Zusammenhang: »Insh Allah«, also: »So Gott will«, oder: »Es ist der Wille Gottes.« Gott wird schon wissen, warum er mir dieses Geschehnis auferlegt und sendet; ich nehme es an, Insh Allah. Ein arabisches Sprichwort sagt: *»Geschieht nicht, was du willst, dann wolle, was geschieht.«*

Erst wenn ich das Gute wie das Schlechte voll und ganz annehmen kann, ist jedes meiner versteckten Ideale in meinem Unbewussten geheilt. Ich lasse meine Ideale los, damit der göttliche Wunsch sich voll und ganz durch mich zeigen kann – durch alles, was ich auf die Erde bringe. Das Ideal ist nicht mehr im Himmel meiner Träume und damit nur virtuell. Ich ertrage die Verwirklichung des göttlichen Ideals auf dieser Erde.

Ideale sind weltfremd und ein bisschen abgehoben, das ist nun mal ihre Natur. Darum bleibe ich selbst auch immer mehr oder weniger »abgehoben« und »nicht von dieser Welt«, solange ich in mir mehr oder weniger viele Ideale hege und pflege. Die Annahme des Guten wie des Schlechten heilt meine Ideale und bringt mich ganz auf die Erde. Wenn ich einen anderen Menschen (oder mich selbst) ablehne, weil er (oder ich) nicht meinen Vorstellungen und Idealen entspricht, sage ich sinngemäß: »Du bist nicht gut genug für diese Welt, du hast hier nichts zu suchen«, oder sogar: »Du bist nichts wert und mangelhaft, wie du bist.«

Gelingt es mir stattdessen, zu einer inneren Haltung von Akzeptanz zu finden, sage ich ihm (und unbewusst mir selbst) das genaue Gegenteil: »Komm her, bleib hier«, und: »Du bist gut und richtig und du bist wertvoll.« Darum öffnet dieses Herzenstor eine wichtige Qualität in mir: das Selbstwertgefühl.

Mein erstes Männerseminar wurde von Atum O'Kane geleitet, einem amerikanischen Sufi-Gelehrten. Er erzählte Geschichten und beantwortete Fragen aus dem täglichen Leben. Einmal fragte ein Mann sehr erregt etwas zu einem Problem aus seiner Partnerschaft. Atum hörte sich die Schilderung an und erwiderte, der Mann projiziere etwas auf seine Frau. Der Mann wollte dies nicht wahrhaben und hielt dagegen. Atum sah ihn lange schweigend an und sagte dann: »Everything is a projection« (Alles ist eine Projektion).

Dieser Satz klang lange in mir nach. Später fand ich eine ähnliche Formulierung im indischen Hinduismus. Aus uralten Sanskrittexten ist uns die Formulierung »Tat tvam asi« überliefert worden, was bedeutet: *»Das, was ich wahrzunehmen glaube, und das, was ich zu sein glaube, ist ungeteilt.«* Mir gefällt die sehr verkürzte Fassung dieser Aussage auch sehr: *»Ich bin das.«* Ich sehe immer nur mich selbst.

Erst das Bewusstsein des eigenen Selbstwertes macht wirklich glücklich. Ein guter Weg, sich der Kostbarkeit der Dinge (und damit seiner selbst) bewusst zu werden, ist Dankbarkeit. Dankbarkeit zu kultivieren ist eine sehr erfolgversprechende Strategie, glücklich zu werden.

Würde ein Hungernder sagen:
»Wie herrlich ist dieses Bild, wie köstlich ist diese Pflanze«,
und ganz in die Dankbarkeit gehen,
er würde schon innerhalb eines Jahres wagen,
seinen innersten Wunsch zu erfüllen.
• Waliha Cometti •

Zweiundzwanzigste Erkenntnis: Das Loslassen hoher Ideale lässt im Herzen das Gefühl von Selbstwert entstehen.

Aspekt der vierten Segnung: Selbstwertschätzung

V. Die fünfte Segnung des Herzens:

Bestimmung

Vertrauen
Verschmelzen
Größe
Wahrheit
Gnade
Sein

23. Herzöffnung und Glaube

Die größte Entscheidung deines Lebens liegt darin,
dass du dein Leben ändern kannst,
indem du deine Geisteshaltung änderst.
• Albert Schweitzer •

Gibt es ein Schicksal? Ist mein freier Wille eingeschränkt durch etwas Höheres, ob ich es nun *Bestimmung, Universum* oder *Gott* nenne?

Mit jeder Segnung des Herzens, die mir zuteil wird, verändert sich mein Selbstverständnis. Jede führt mich zu einer neuen Sichtweise der Welt und damit auch zu einem neuen Blick auf mich selbst. Betrachte ich mich am Anfang meines Weges noch als jemand, dem das Leben ohne eigenes Zutun widerfährt, erkenne ich mich jenseits der fünften Segnung als kraftvoller, selbstverantwortlicher Schöpfer meines Daseins.

Während der **ersten Segnung** bin ich noch sehr mit mir und meinen Problemen beschäftigt. Hier bin ich, und da sind die anderen. Ich vergleiche mich oft mit anderen und bewerte und urteile nach meinen eigenen Kriterien. Bei genauerer Betrachtung merke ich jedoch, was ich da tue. Irgendwie finde ich immer ein Haar in der Suppe.

Auf dieser Stufe der Entwicklung bin ich noch wenig mit meinem Herzen verbunden. Meine Skepsis und meine Voreingenommenheit gegenüber anderen und der Welt resultieren vor allem daraus, mich selbst noch selten bewusst erfahren zu haben und darum auch wenig zu kennen.

Auch während der **zweiten Segnung** bin ich noch stark in dieser auf mich bezogenen Weltsicht gefangen. Aber die Welt jenseits meines kleinen Mikrokosmos wird interessanter, und mein Ego verliert allmählich an Kraft.

Ganz langsam beginne ich, die Fügungen in meinem Leben wahrzunehmen und ihnen mehr zu vertrauen. Ich bemerke Momente in meinem Leben, wo alles leicht und einfach gelingt. Die Verbindung zur kosmischen Steckdose wird langsam aufgebaut. Ich fange an, andere Menschen deutlicher wahrzunehmen, und entwickle parallel dazu ein besseres Gespür für mich selbst.

Die **dritte Segnung des Herzens** ist geprägt von einem inneren Kampf. Auf der einen Seite versucht mein Ego, an alten Glaubenssätzen festzuhalten, und auf der anderen Seite erhalte ich langsam Zugang zu einer Art Wesen meiner Seele. Dieses Wesen möchte mir neue Erkenntnisse über mich und die Welt schenken. Das Ego definiert sich jedoch mit den alten Denkweisen voller Konkurrenz und Kampf und fühlt sich existenziell bedroht, wenn ich die alten Glaubenssätze fallen lasse. Darum kämpft es verbissen darum, alles so zu lassen, wie es immer war.

Doch nun verwandelt sich das Ego. Es ist plötzlich nicht mehr so groß und mächtig. Langsam heilt etwas in mir, ich werde mir meiner Kraft und meiner Fähigkeiten bewusster. Und dann beginnt durchzuscheinen, was vorher verborgen war: das, was ich wirklich bin.

Der innere Kampf geht zwar auch in der Phase der **vierten Segnung** weiter, doch er ebbt ab. Denn immer öfter spüre ich etwas Neues in mir: Glück. Es wird mein treuer Begleiter. Ich fühle mich immer mehr mit allem verbunden. Ich werde mir bewusst, dass ich schon durch mein reines Sein auf andere wirke, und fühle mich verantwortlich für mein Leben und für alles, was mir im Außen begegnet. Mein Selbstwertgefühl steigt. Ich bin lange genug Opfer der Umstände gewesen – nun nehme ich mein Schicksal selbst in die Hand. Ich beginne, mir selbst zu vertrauen, und gleichzeitig wächst auch mein Vertrauen in die Welt.

Die **fünfte Segnung** führt mich zu einer Art Urvertrauen in die Schöpfung. Ich schwimme im Fluss des Lebens. Ich fühle mich von meinem Leben immer öfter einfach beschenkt. Ich spüre, es gibt ein Universum, das mich trägt und dem ich vertrauen kann. Es macht Spaß, zu leben. Das Herz öffnet sich jetzt ganz. Die Liebe kann strömen. Ich bin bereit, mich wieder vollkommen mit dem Universum zu verbinden und es in seiner ganzen Schönheit und Vielfalt zu erkennen.

Das Schicksal ist kein drohendes Schwert mehr. Es entsteht in mir die Gewissheit, dass alles gut ist und alles gut wird. Im religiösen Kontext verwenden wir hier gern den Begriff »Glaube an Gott«. Glauben wird jedoch oft in dem Sinne verstanden, etwas nicht genau zu wissen; deshalb empfinde ich den

Begriff »Vertrauen« als sehr viel kraftvoller. Wenn ich sage: »Ich vertraue darauf«, dann heißt das so viel wie: »Ich bin mir sicher, ich bin mir gewiss.«

Erst mit offenem Herzen ist es wirklich möglich, eine Erfahrung von Gott oder vom Universum zu machen. Wirklich glauben kann ich etwas erst, wenn ich es erlebt, erfahren und wahrgenommen habe. Und nur die feine Wahrnehmung des Herzens ist der Gotteserfahrung fähig. Erklären und diskutieren bringt da wenig, nur was ich erfahre, ist für mich begreifbar. Auch wenn es unsichtbar ist. Je mehr ich mir selbst vertraue, umso mehr vertraut mir auch das Leben.

Diese Erfahrung konnte ich während eines Pferdeseminars machen. Gehe ich ganz selbstbewusst und in meiner Mitte zum Pferd in die Koppel hinein, dann spürt ein Pferd das sofort und heftet sich treu an meine Fersen. Bin ich aber im Zweifel und unentschlossen, dann schnupperte es nur ein bisschen an mir und wendet sich desinteressiert ab.

Es geht dabei nicht darum, etwas Bestimmtes zu tun, sondern um das, was ich in diesem Augenblick verkörpere. Es ist wirklich faszinierend, es mitzuerleben. Das Pferd reagiert genau so auf mich, es macht mir unmissverständlich klar, wie es mich wahrnimmt. Bin ich innerlich ziellos und weiß nicht, was ich will, nimmt das Pferd kaum Notiz von mir. Ähnlich wie der Kosmos in solchen Situationen auf ein Signal von mir wartet: Was will er denn nun wirklich? Sobald ich aber zielsicher und aus meiner Mitte heraus agiere, folgt mir das Pferd, und auch das Universum hält mir dann die Tür auf. Es ist alles eine Frage der Energie, die ich ausstrahle. Ein Pferd ist nur sehr viel freier von sozialen Konventionen als meine Kollegen oder Nachbarn und zeigt seine Reaktion so wundervoll deutlich.

In unserer Gruppe merkten wir gegen Ende des Seminars, wie unglaublich viel wir tun wollten, um das Pferd zum Interesse an uns zu bewegen. Wir alle wollten es besonders gut machen, vor der Gruppe unser Gesicht nicht verlieren usw. Wir Erwachsenen haben es uns damit unglaublich schwer gemacht. Voll Erstaunen sahen wir daher zu, wie es uns die Kinder vormachten. Im Grunde ist es so unsagbar einfach, Interesse von einem Pferd zu erhalten. Sei du selbst, tu, was du möchtest, sei verspielt und kindlich. Ein dreizehnjähriges Mädchen schien das Pferd fast magisch anzuziehen, es wich ihm kaum von der Seite und genoss das Zusammensein offensichtlich sehr. Bei einem achtjährigen Jungen rollte sich das Pferd sogar genüsslich auf den Rücken und streckte alle viere von sich. Vom ersten Moment an war eine Verbindung zwischen Kind und Pferd zu spüren.

Dreiundzwanzigste Erkenntnis: Die Öffnung des Herzens lässt mich dem Fluss des Lebens vertrauen.

Aspekt der fünften Segnung: Vertrauen

24. Eins mit der Schöpfung

Der Widerschein der Sonne in einem Tautropfen
ist nicht weniger schön als die Sonne selber,
und die Spiegelung des Lebens in eurer Seele
ist nicht weniger kostbar als das Leben selbst.
• Khalil Gibran •

Hinter der fünften Segnung wartet das Universum (Gott, die Schöpfung), um ungehindert durch mich zu wirken. Alles, was ich tun muss, ist, in die Stille und den Frieden des Herzens einzutauchen. In diesem Reich des Herzens löst sich mein Alltagsbewusstsein auf, und ich verschmelze. Wenn ich ganz still bin, vollkommen aufgesogen vom Universum, werde ich zum Instrument der Schöpfung. Voller Staunen lerne und entdecke ich dabei, was alles durch mich in die Welt gebracht werden möchte, was zum Ausdruck kommen will, damit ich in Demut entdecke, was ich auch noch bin: eine Quelle für das Vollkommene. Eine Paradoxie dieser Herzöffnung ist, dass mein Selbstverständnis dabei gleichzeitig umfassender und demütiger wird.

Wie gelingt es mir nun, zum Instrument der Schöpfung zu werden? Durch meine Gefühle. Gefühle verbinden mich mit dem Universum. Will ich etwas nicht fühlen, unterbreche ich diese Verbindung. Würde ich alle Gefühle zulassen, könnte ich wieder in Kontakt zur Schöpfung treten. Ganz oft stehen hinter den Ereignissen meines Lebens bestimmte Gefühle und lenken unbemerkt meine Wünsche, meine Grenzen und viele der Situationen, die ich erlebe.

Beim Wünschen und Bestellen geht es nämlich in Wahrheit oft um ein ersehntes Gefühl. Wenn sich zum Beispiel drei Personen ein Cabrio wünschen, ist es bei dem einen vielleicht ein Symbol für Freiheit, der Nächste wünscht sich Anerkennung, und der Dritte hat einfach Freude an der frischen Luft. Um den Wunsch hinter dem Wunsch zu entdecken, kann ich das Herz fragen, während ich in der Stille ganz in ihm versinke: »Mein Herz, was ist dein größter Wunsch?«, oder: »Mein Herz, warum möchte ich eigentlich ein Cabrio fahren?« Habe ich eine Idee bekommen, was hinter einem Wunsch steckt, werde ich sicher viele Möglichkeiten entdecken, mir dieses gewünschte Gefühl auch auf viele andere Arten und Weisen selbst zu schenken.

Und auch das Gegenteil des Wünschens, meine Abgrenzung, beruht meistens auf Gefühlen, die ich nicht zulassen will. Unbewusst sage ich beim Ablehnen: »Dieses Ding oder diesen Menschen möchte ich nicht fühlen, so will ich nämlich nicht sein, das möchte ich nicht erleben.« Doch je mehr ich die Welt als furchtbar und unerträglich abstemple, umso mehr zementiere ich mich selbst in eben diesem Zustand.

Die Energie, die ich in meine Beobachtung der Welt hineininterpretiere, kommt zu mir selbst zurück. Unerwünschte Gefühle erschaffen Probleme und ziehen Probleme an, weil sie erlöst werden möchten. Lehne ich beispielsweise Aggressivität ab, werde ich Menschen in mein Leben ziehen, die Aggressivität stellvertretend für mich leben, vielleicht in Gestalt eines cholerischen Chefs oder eines wütenden Nachbarn. In meinem System, meinem Gefühlskörper, ist die Aggression als potenzieller Bestandteil aller Gefühle eines Menschen immer da. Ich kann sie gar nicht loswerden. Würde ich jedoch beginnen, die Aggression beispielsweise in Form von größerem Selbstbewusstsein oder angemessenem Durchsetzungsvermögen selbst zu leben, bräuchte ich niemanden mehr im Außen, der die Aggression für mich lebt.

Ich bin nicht getrennt von meinem Nachbarn oder meinem Kollegen. Das Gefühl verbindet mich, ich bin sozusagen »vernetzt« über meine Gefühle mit allen meinen Kontaktpersonen. Ich lebe immer in einer Art System mit anderen Menschen. Es ist diesem System egal, ob ich der Urheber bin oder das Opfer eines bestimmten Gefühls. Es ist egal, ob ich das Gefühl weitergebe oder von außen erhalte. Hauptsache, es ist da – in meinem System. Das Leben bietet mir so lange die nicht gelebten Gefühle an, bis ich sie endlich integriere und ganz werde.

Vierundzwanzigste Erkenntnis: Aus dem offenen Herzen entsteht der Wunsch, mit der Schöpfung zu verschmelzen.

Aspekt der fünften Segnung: Verschmelzen

25. Der Weg der Liebe

Glück ist Liebe, nichts anderes.
Wer lieben kann, ist glücklich.
• Hermann Hesse •

Wie konnten sich die Mauren Andalusiens im Mittelalter zu jener Hochkultur entwickeln, die sich in der Alhambra solch ein Denkmal zu setzen wusste? Wie konnte diese Kultur so stark werden, dass sie bis heute in ganz Europa nachwirkt? Um uns der Antwort zu nähern, wollen wir uns dem Sufismus zuwenden, der mystischen Lehre des Islam.

Wer den Weg ins Herz studiert, stößt früher oder später auf die Lehre der Sufis. Ein Sufi zu sein bedeutet, den Weg seines Herzens zu gehen. Der Sufismus beschreibt eine Art inneren Pfad, um zu eigenen Wahrheiten und Erkenntnissen zu gelangen. Durch Meditation und Atemtechniken versucht der Sufi, das Tor des Herzens zu finden und es aufzustoßen. Seine Suche dient dazu, die Quelle seines Wesens in sich zu entdecken und die Kraft zu finden, die ihn »werden lässt, was er wirklich ist«. Diese Kraft ist die Liebe. Die Liebe in allem zu entdecken ist somit Kern dieses Weges:

Wäre der Himmel nicht in Liebe,
hätte seine Brust keine Reinheit.
Wäre die Sonne nicht in Liebe,
hätte ihre Schönheit kein Licht.

Wären Erde und Berge nicht in Liebe,
würde kein Gras aus ihrer Brust wachsen.
• Rumi •

Um die Liebe dreht sich darum auch die Dichtkunst des wohl bekanntesten Sufis, Dschelaladdin Rumi. In seinen Versen verschmilzt die Liebe zum Menschen mit der Liebe, die über dieser steht: der Liebe zu Gott. Durch Liebe wird Gott erfahrbar. Liebe und Gott werden eins. Der Liebende, der seine Geliebte sucht, ist immer wieder Symbol für die mystische Reise zu Erkenntnis und Wahrheit und zu Gott.

Die Öffnung des Herzens beschreibt Rumi beispielsweise in dieser Geschichte:

Ein Mann kam zum Haus seiner Angebeteten und klopfte.
»Wer ist da?«, fragte eine Stimme.
»Ich bin es«, antwortete der Mann.
»Hier ist kein Platz für dich und mich«, entgegnete die Stimme.
Die Tür blieb verschlossen.
Nach Jahren der Einsamkeit und Entbehrungen kam der Mann wieder zu der Tür und klopfte erneut.
»Wer ist da?«, fragte die Stimme wieder.
»Du bist es«, antwortete der Mann.
Und die Tür wurde ihm aufgetan.

Der Sufismus bedient sich häufig solcher scheinbar paradoxen Lehrgeschichten. In der Philosophie des Sufismus ist die Kultivierung der universellen Liebe der Weg, um zu Gott zu finden. Liebe ist sowohl der Weg als auch das Ziel.

Gott ist für den Sufi gleichbedeutend mit Liebe. Sie gilt es zu erwecken, um Ihn zu finden. Begriffe wie »Schuld« und »Sühne« sind im Sufismus darum genauso unbekannt wie die Vorstellung eines strafenden Gottes. Ganz im Gegenteil:

Jedes Kind hat Gott gekannt,
nicht den Gott der Namen,
nicht den Gott der Verbote,
nicht den Gott, der so viele seltsame Dinge tut.
Sondern den Gott, der nur vier Worte kennt:
Komm, tanz mit mir …,
komm, tanz mit mir …,
komm, tanz mit mir …

So singt der Sufi-Dichter Hafis.

Fünfundzwanzigste Erkenntnis: Durch Herzöffnung entdecke ich meine wahre Größe.

Aspekt der fünften Segnung: Größe

26. Die eigene Sichtweise

Bei uns ist der Name vor allem
seine äußere Erscheinung;
beim Schöpfer ist der Name eines jeden Dinges
seine innere Wirklichkeit.
• Rumi •

Jede Wahrheit, die einmal ausgesprochen wird, ist schon keine ganze Wahrheit mehr. Jedes Wort setzt unweigerlich eine Grenze, und durch meine Ablehnungen übersehe ich viele Einzelheiten, die erst meine Herzensaugen sehen könnten. Ich grenze mich permanent von der Möglichkeit ab, alles, das Ganze, zu sehen. Meine Ablehnungen und vorgefassten Meinungen bewirken, dass ich die Wahrheit nicht erkennen würde, selbst wenn sie auf dem Präsentierteller vor mir läge (und das tut sie dauernd).

Was ich sehe und wahrnehme, hat jedoch einen direkten Bezug zu dem, was ich weitergebe. Der Input ist logischerweise bestimmend für den Output. Ich kann nur als Wahrheit weitergeben, was ich als Wahrheit sehe und erkenne. Jede Wahrheit, die ich in meinem begrenzten Sein zu erkennen vermag, ist durch mein Bewusstsein limitiert. Und darum muss meine Wahrheit eine andere sein als deine, denn als Menschen sind wir alle speziell und verschieden, mit jeweils eigenen Grenzen. Je mehr sich mein Herz öffnet, desto deutlicher finde ich durch die wachsende Annahme der Welt und meiner selbst zu meiner eigenen, tiefsten Wahrheit. Es ist die Wahrheit meines Herzens.

Im Grunde ist alles, was ich als Mensch erschaffe, limitiert durch meine Unvollkommenheit. Es trägt meine Unvollkommenheit, meine Fehler immer in sich.

Ein Architekt kann noch so viel über Raumgestaltung oder Feng-Shui wissen, seine Unvollkommenheit wird immer in den Entwurf des Hauses mit einfließen. Und der Käufer oder Mieter dieses Hauses wird genau derjenige sein, dem dieser Fehler entspricht. Auch der Käufer wird seine innere Unvollkommenheit im Außen wiederfinden.

Auch hier liegt die Lösung im Herzen. Sobald ich die Dinge meines Lebens nicht mehr selbst, sondern in Verbindung mit der inneren Führung tue, kann die Vollkommenheit durch mich fließen. Wenn es mir gelingt, weniger aus dem Verstand zu leben und stattdessen mehr aus dem Herzen, beginnt die unsichtbare Welt durch mich zu wirken. Ihr Segen wird mir zuteil. Ich fange an, einem höheren Zweck zu dienen.

Michelangelo soll beispielsweise gesagt haben, er habe seine Skulpturen nur vom überflüssigen Stein befreien müssen. Er wusste instinktiv, wie er den Stein behauen musste. Die Schöpfung wirkte durch ihn hindurch. Vielleicht ist das ein wesentlicher Aspekt dessen, was wir in der Kunst als schön empfinden: wenn sich der Künstler so weit zurücknimmt, dass die Schöpfung durch ihn wirken kann.

Am Anfang kann es eine echte Herausforderung sein, zu versuchen, einem höheren Zweck zu dienen. Während unserer Ausbildung zum Coach für positive Realitätsgestaltung kam mir die Idee, für jeden Teilnehmer ein paar Worte aus dem Herzen aufzuschreiben. Ich ging ganz aus dem Verstand und fragte mein Herz: »Was möchtest du diesem Menschen sagen?« Was dabei herauskam, war teilweise etwas gewöhnungsbedürftig. Die Texte lauteten zum Beispiel so: »Klaus, / Deine Liebe ist ein Schlumpf: / Noch kennst du sie nicht, / doch sie ist da, zauberhaft und vollkommen / schlumpft sie für dich den lieben langen Tag / seit Anbeginn und wartet voll Sehnsucht, / dass du ihr endlich / deinen Namen gibst.«

Ich schrieb also tapfer dreißig kurze Texte (für jeden Teilnehmer einen) und dachte gleichzeitig: »Das kann ich denen unmöglich vorlesen; die lachen mich sicher aus.« Am dritten Ausbildungswochenende las ich nichtsdestotrotz allen ihre Texte vor. Die ersten beiden Teilnehmer hörten es sich scheinbar ohne große Resonanz an, und ich begann zu zweifeln, ob diese Aktion wirklich eine gute Idee gewesen war. Leicht zögerlich las ich trotzdem den Text für Klaus vor. Doch kaum hatte ich geendet, platzte Klaus heraus: »Woher weißt du das?«

Sechsundzwanzigste Erkenntnis: Herzöffnung bringt mich zu meiner eigenen Wahrheit.

Aspekt der fünften Segnung: Wahrheit

27. Werden, was du bist

Das Verständliche an der Sprache
ist nicht das Wort selber,
sondern Ton, Stärke, Modulation, Tempo (...),
kurz, die Musik hinter den Worten,
die Leidenschaft hinter dieser Musik,
die Person hinter dieser Leidenschaft:
alles das also, was hier nicht geschrieben werden kann.
• Friedrich Nietzsche •

Hinter den Segnungen des Herzens wartet das Sein: ein Zustand von Verbundenheit mit allem und jedem. Ganz im Hier und Jetzt zu sein, aufgesogen im völligen Gefühl der Einheit.

Das Sein beschreiben zu wollen überschreitet die natürliche Grenze, bis zu der Worte reichen können. Dahinter spricht die Stille selbst. Jedes Wort würde diese Stille stören.

Jede Beschreibung kann daher nur Annäherung sein. Da ist kein Wille mehr und keine Absicht. Da ist kein Verstand mehr, der etwas versucht. Und im Sein kann die Schöpfung durch mich wirken. Das Sein kann wirken, wenn ich die Suche aufgegeben habe. Im normalen Alltag mag es sich zunächst einfach, schlicht und irgendwie unspektakulär anfühlen. In gewisser Weise will es ausgehalten werden. Viel einfacher wäre es, wegzulaufen und Ablenkungen zu suchen. Vielleicht können viele Menschen die Stille des Seins schwer ertragen und lenken sich deshalb so sehr ab. Sie laufen davon, ohne es zu bemerken.

Die Sufis sagen, ins Sein einzutreten gelingt nur Menschen, die es geschafft haben, ihre »falschen Kleider«, ihre Rollen und Identifikationen abzulegen. Wir versuchen, anderen Menschen weiszumachen, dass wir so sind, wie wir uns darstellen, weil wir es selbst glauben. Doch hinter der Vorstellung, irgendwie zu sein und sein zu müssen, wartet erst das eigentliche Sein.

Im Zustand des Seins wirke ich ganz anders. Ich strahle etwas aus. Im bewussten und wachen Zustand des Seins gelingt etwas, ganz ohne Absicht: Ich lasse die Gnade wirken. Die Gnade entspringt aus dem Sein. Unaufhörlich.

Wie kommt Gnade zum Ausdruck? Zum Beispiel im Glücklichsein. Bin ich im Sein, dann gebe ich, was jeweils gerade am meisten gebraucht wird. Und das macht glücklich.
Und im Kontakt zur Einheit. Im Sein bin ich mit der Vollkommenheit eins.
Gnade kommt auch im Eigenen zum Ausdruck, indem ich die Gaben, die mir geschenkt wurden, anderen zugute kommen lasse. Oft zeigt sich diese Gnade gar nicht in dem, wovon ich immer meinte, dass ich es gut kann oder bin. Durch die Gnade kommt meine Bestimmung zum Ausdruck.

Während eines Seminars stellte eine Frau die Frage: »Warum finde ich meine Bestimmung nicht?« Also gingen wir in Verbindung mit unseren Herzen und stellten uns selbst diese Frage. Die Antwort, der die meisten Teilnehmer den höchsten Stellenwert gaben, lautete: »Scheinbar denke ich, irgendwo ankommen zu müssen, denn hier, wo ich gerade bin, bin ich doch wohl falsch. Darum hält der Gedanke, es gäbe eine Bestimmung oder einen besten und richtigen Platz für mich im Leben, mich von meinem Glück fern. Er hindert mich daran, jetzt und hier zu sein. Immer suche ich etwas anderes. Viel heilsamer wäre es, frei von der Suche nach einer Bestimmung immer nur gerade im Moment zu leben und in der Tätigkeit, die ich gerade tue. Diesen Moment lebe ich und fülle ihn mit Licht und Liebe. So wird es mir am besten gelingen, immer mehr zu wachsen und immer erfüllter zu werden, Bestimmung hin oder her.«

Bin ich von Gnade erfüllt, entsteht ein Gefühl von Ganzheit. Erst so kann sich mein Selbstwertgefühl richtig entfalten. Ein echtes Gefühl für den eigenen Wert entsteht erst im Zustand des Seins. Nur wenn ich die Gnade ungehindert durch mich wirken lasse, tue ich wirklich das, was ich mir auf der Seelenebene für dieses Leben ausgesucht habe.

Siebenundzwanzigste Erkenntnis: Durch mein offenes Herz fließt die Gnade in die Welt.

Aspekt der fünften Segnung: Gnade

28. Hinter dem Schleier

Der beste Führer ist der,
dessen Existenz gar nicht bemerkt wird.
Wenn die Arbeit des besten Führers getan ist,
sagen die Leute: »Das haben wir selbst getan.«
• Laotse •

Die fünfte Segnung des Herzens hat damit zu tun, das erlebte Glück an alle Menschen weiterzugeben. Denn wer glücklich ist, der möchte alle Menschen glücklich machen. Wer sich selbst wertschätzt, der wünscht allen Menschen eine ebenso große Selbstwertschätzung.

Ich verschmelze auf dieser Ebene mit dem Göttlichen und dem alles umspannenden Feld, um der Schöpfung zu dienen, damit die Gnade in die Welt strömen kann.

Der Mensch hört auf dieser Stufe auf, sich mit seinem Verstand zu identifizieren. Er wird frei, sich mit allem zu verbinden, was ist. Die Begrenztheit des Alltagsbewusstseins wird abgeworfen, um die Unbegrenztheit des Seins zu erfahren.

Bei den Sufis gibt es eine wunderschöne Tradition, um das Verschmelzen mit dem Sein zu praktizieren: den Zikhr (gesprochen: Sicker). Zikhr bedeutet »Gedenken« oder »Gedenken an Gott«. Um die Wahrheit zu sagen, ist es genau diese Technik, die mich so sehr am Sufismus fasziniert. Durch das

Singen des Zikhr wurde mir die Erfahrung geschenkt, wirklich mit der Schöpfung und dem Universum verschmolzen zu sein. Es werden dabei verschiedene Zitate aus dem Koran rezitiert. Am bekanntesten ist der Vers »La illaha il Allah« (Es gibt keinen Gott außer Gott). Der Zikhr wird von verschiedenen Körperbewegungen und Atemtechniken begleitet.

Auf den Sufi al-Ghazali (um 1100) geht der Mythos zurück, dass es im Herzen jedes Menschen ein »feinstoffliches Herz« gibt. Dieses Herz ist in der Welt der Engel beheimatet und lebt in unserer grobstofflichen Welt nur im Asyl. Es will dem Menschen den Weg zurück ins Paradies weisen. Wenn die fünfte Segnung erfahren wird, erhalten wir Zugang zur unsichtbaren Welt der Engel und Geistwesen.

Vor einigen Jahren durfte ich an einem wunderschönen Ritual in den Schweizer Bergen teilnehmen. Eine kleine Gruppe Menschen war zusammengekommen, um zu singen, zu beten, zu tanzen und sich ganz mit dem Herzen zu verbinden. Dabei wurden auch ein paar Fotos gemacht. Kurze Zeit später erhielt ich sie per Mail zugeschickt und war wundersam überrascht: Auf vier oder fünf Bildern waren Lichterscheinungen zu sehen, mal klein, mal größer. Auf einem Bild war sogar eines dieser Lichtwesen ganz deutlich und zweifelsfrei zu erkennen: Es war ein Engel!

Die Fotografin ist eine sehr gute Freundin von mir und absolut integer. Sie war selbst am meisten überrascht. Wir fragten uns natürlich, warum sich diese Wesen gerade hier gezeigt hatten, bei diesem Ritual. Und wir kamen zu dem Schluss: Wenn wir ganz in der Liebe sind, können Wunder geschehen.

Achtundzwanzigste Erkenntnis: Herzöffnung bringt mich ganz ins Sein.

Aspekt der fünften Segnung: Sein

Ausblick

Glück ist wie ein Maßanzug.
Unglücklich sind meistens die,
die den Maßanzug eines anderen tragen möchten.
• Karl Böhm •

In der neuen Zeit, in der wir heute leben, können die Segnungen des Herzens jedem Menschen zufließen, der bereit ist, sein Herz zu öffnen. Sie können mein Zugang werden zu Gnade, Selbstwert und Glück. Durch den Kontakt zur Liebe und zum Herzen finde ich Schritt für Schritt zu mir selbst. Beim Öffnen meines Herzens beginne ich zu entdecken, was ich immer suchte: Erfüllung.

Die Segnungen des Herzens führen mich in eine Welt, in der ich mein Opferdasein ablegen und verwandeln kann. Stattdessen werde ich zum Schöpfer und Erschaffer meiner Welt. Wo ich früher beschuldigt habe, lerne ich, anzunehmen und zu vergeben. Ich werde dankbar für das Gute, aber auch für das Schlechte in meinem Leben.

Das Herz vermittelt mir durch seine Stimme eine eigene Sicht der Welt. Ich beginne, die Welt durch Herzensaugen zu sehen. Das Herz schenkt mir dabei, was man treffend als *Herzensbildung* bezeichnen kann. Wie gehe ich mit den Situationen in meinem Leben um? Ich frage mein Herz und lerne, dementsprechend zu handeln. Und entwickle dabei Vertrauen.

Manchmal ist der erste Kontakt zum Herzen ein wenig unangenehm und schmerzhaft, weil das Herz vielleicht verkümmert ist. Vielleicht schmerzt es aber auch nur, weil es sich umstrukturiert und verwandelt, da es viel größer werden möchte, als ich es mir vor der Inkarnation noch als Seele selbst ausgesucht hatte. Aber die Herzensbildung zeigt mir auch, wie ich mit diesem Schmerz umgehen kann. Gelöst und befreit mit Schmerz und schmerzvollen Erfahrungen im Leben umzugehen ist generell ein Zeichen der Reife und des Wachstums des Herzens.

Denn das Allerwichtigste zum Beschreiten des Herzensweges ist das Fühlen. Fühlen zu lernen, wie es mir geht, wie es dem Gegenüber geht, wie sich die Dinge anfühlen. Durch das Herz und sein Empfinden bekomme ich Kontakt zu mir selbst und zu meinem Sein.

Mögen dir die Zeilen dieses Buches auf dem Weg dorthin von Nutzen sein. Oder – was wahrscheinlicher ist – die leeren Stellen zwischen diesen Zeilen. Denn dein Herz wird immer zwischen den Zeilen mitlesen. Hörst du, was es dir sagen möchte?

In Verbundenheit
Manfred Mohr

Übersicht der Herzensaspekte und der Erkenntnisse

I. Bewusstsein

1. Die Öffnung des Herzens erweitert die **Wahrnehmung.**
2. **Empfinden:** Je mehr sich das Herz öffnet, desto mehr kann es fühlen.
3. **Intuition:** Wenn ich meine Fragen ins Herz nehme, wird mir Antwort zuteil.
4. Mit Liebe, Dankbarkeit und Mitgefühl im Herzen offenbart sich die **Schönheit** der Welt.
5. Im Herzen wird aus Wissen, Intuition und Erfahrung **Weisheit.**
6. Mit zunehmender Öffnung des Herzens wird es leichter, meine Einzigartigkeit zu finden und zum **Ausdruck** zu bringen.

II. Mitgefühl

7. **Wachstum:** Durch die zunehmende Öffnung des Herzens wachse ich über mich hinaus.
8. **Verbundenheit:** Durch das Energiefeld des Herzens stehe ich mit der Welt in Verbindung.
9. **Manifestationskraft:** Tief von Herzen empfundene Wünsche tragen die Kraft zur Manifestation in sich.

10. Von Herzen empfundene **Annahme** kann Probleme lösen.
11. **Erleben:** Mit offenem Herzen erlebe ich Begegnungen mit anderen auf neue Art.

III. Heilung

12. Herzöffnung schenkt **Gesundheit.**
13. **Frieden** im Herzen führt zu Frieden in der Welt.
14. Herzöffnung schenkt Leben und **Entwicklung.**
15. Die Verankerung im Herzen schenkt innere **Ausgeglichenheit.**
16. Ein offenes Herz ermöglicht die **Rückverbindung** zum Ursprung.
17. **Segnen:** Die Liebe im Herzen möchte sich verströmen und zum Wohl der anderen wirken.

IV. Erfüllung

18. **Glück:** Herzöffnung macht glücklich.
19. **Präsenz:** Mit offenem Herzen bin ich im Jetzt und Hier.
20. Mit offenem Herzen gewinne ich an seelischer **Ausstrahlung.**

21. **Erlösung:** Herzensgefühle können Schmerz verwandeln und auflösen.
22. **Selbstwertschätzung:** Das Loslassen hoher Ideale lässt im Herzen das Gefühl von Selbstwert entstehen.

V. Bestimmung

23. **Vertrauen:** Die Öffnung des Herzens lässt mich dem Fluss des Lebens vertrauen.
24. **Verschmelzen:** Aus dem offenen Herzen entsteht der Wunsch, mit der Schöpfung zu verschmelzen.
25. Durch Herzöffnung entdecke ich meine wahre **Größe.**
26. Herzöffnung bringt mich zu meiner eigenen **Wahrheit.**
27. Durch mein offenes Herz fließt die **Gnade** in die Welt.
28. Herzöffnung bringt mich ganz ins **Sein.**

Übungen und Meditationen zu »Mit dem Herzen segenen«

Folgede Übungen passend zum Buch gibt es als Audio-Datei zum Download: www.mohr.momanda.de
Gesprochen vom Autor mit Musik von Sayama. Gesamt Download-Preis für alle Übungen Eur 4,99

- Besuch bei deiner Selbstliebe
- Besuch beim inneren Zweifler
- Herzchakra spüren
- Aus dem Herzen Liebe geben
- Verbindung mit Mutter Erde
- Verbindung mit dem himmlischen Vater
- Aus der Ablehnung gehen
- Sonne im Herzen
- Hoppen
- Die Kraft des Herzens
- In die Stille gehen
- Vater-Mutter-Atem
- Reise zu deinem Ursprung
- Ich segne meine Liebe weit und breit

Über den Autor

Dr. Manfred Mohr ist Chemiker und arbeitete viele Jahre in beratender Tätigkeit für die Wirtschaft. Heute ist er als Autor und Seminarleiter tätig. 2010 starb seine Frau, die Bestsellerautorin Bärbel Mohr. »Das Wunder der Selbstliebe« erschien im Jahr 2011 und machte ihn auch einer breiteren Öffentlichkeit bekannt. Inzwischen wurden eine Viertelmillion Bücher von ihm verkauft.

In jedem Jahr bietet er die Ausbildung zum »Coach für positive Realitätsgestaltung« an, die an vier Wochenenden im süddeutschen Raum stattfindet. Die Ausbildung richtet sich an alle, die intensive Versöhnungsarbeit auf dennoch lockere und leichte Art mit sich selbst leisten möchten. Im Mittelpunkt steht dabei das Vergebungsritual Ho'oponopono, Übungen zur Steigerung der Selbstliebe und zur Achtsamkeit. Die Wochenenden behandeln die Themen: Deine Beziehung zu dir selbst, deine Beziehung zu anderen, deine Beziehung zu Geld und Beruf sowie deine Beziehung zum Universum und zur Schöpfung. Die einzelnen Seminare sind auch einzeln buchbar.

www.manfredmohr.de

Wichtige Hinweise

Die im Buch veröffentlichten Empfehlungen wurden von Verfasser und Verlag sorgfältig erarbeitet und geprüft. Eine Garantie kann dennoch nicht übernommen werden. Ebenso ist die Haftung des Verfassers bzw. des Verlages und seiner Beauftragten für Personen-, Sach- und Vermögensschäden ausgeschlossen.

Dieses Buch ist eine gekürzte Neuausgabe des Titels »Die fünf Tore zum Herzen – Gefühle sind Gebete an die Quelle des Lebens«.

1. Auflage 2014

Bildnachweis:
• Fotolia – Mandalas S. 38, 64, 85 sowie alle Fotos
• Shutterstock – Ornamente S. 1 bzw. 56 u.a., 4/5 u.a., 12 u.a.

Cover: Sabine Dunst/Guter Punkt, München,
unter Verwendung eines Motivs von Fotolia

Layout: Birgit-Inga Weber
Gesamtherstellung: Karin Schnellbach
Druck: Finidr, Tschechien
ISBN 978-3-86728-260-4